CONTENTS

Y0-BZG-841

FOOD & DRINK

GOING OUT

DICTIONARY

PRONUNCIATION

This section is designed to familiarize you with the sounds of Polish using our simplified phonetic transcription. You'll find the pronunciation of the Polish letters and sounds explained below, together with their imitated equivalents. To use this system, found throughout the phrase book, simply read the pronunciation as if it were English, noting any special rules below.

Underlined letters indicate that the syllable should be stressed. In Polish, stress falls on the penultimate syllable: *autobus*, *szkoła*. In some words of foreign origin (mostly Latin and Greek), stress is assigned to the third syllable from the end of the word: *uniwersytet*.

CONSONANTS

Letter	Approximate Pronunciation	Symbol	Example	Pronunciation
c	like ts in fits	ts	całwy	<u>tsah</u>-wyh
ć, ci	a soft, very short version of chee in cheese	ch'	cień	ch'yen'*
cz	like ch in church but harder	ch	czapka	<u>chahp</u>-kah
dz	like ds in beds	dz	dzwonek	<u>dzvoh</u>-nehk
drz, dż	like j in jam	dj	drzwi	djvee
dź, dzi	like ge in genius	dj'	dzień	dj'yen'
h,ch	hard, like the ch in Scottish loch	h	chleb	hlehp
j	like y in yes	y	jutro	<u>yoo</u>-troh
ł	like w in win	w	łóżko	<u>woozh</u>-koh
ń, ni	like ni in onion	n'	nie	n'yeh
r	rolled, distinct at the end of words	r	rower	<u>roh</u>-vehr
sz	like sh in shot but harder	sh	szkoła	<u>shkoh</u>-wah

Letter	Approximate Pronunciation	Symbol	Example	Pronunciation
ś, si	soft, very short version of shee in sheep	sh'	śmieci	_sh'myeh-ch'ee_
w	like v in very	v	woda	_voh-dah_
ź, zi	like s in pleasure but softer	zh'	źródło	_zh'rood-woh_
ż, rz	like s in pleasure but harder	zh	żaba	_zhah-bah_

Letters b, d, f, k, l, m, n, p, s, t, z are pronounced approximately as in English.
* The apostrophe (') in phonetics indicates a softening of the sound.

Like most other European languages, Polish has its origin in Sanskrit and is part of the Indo-European group. It is one of 14 Slavic languages. It is a phonetic language, i.e. there is a good correlation of sound to spelling and the pronunciation is much more systematic than that of English.

VOWELS

Letter	Approximate Pronunciation	Symbol	Example	Pronunciation
a	like a in father	ah	dach	_dahh_
e	like e in ten	eh	bez	_behs_
i	like ee in keen	ee	kino	<u>_kee_</u>-_noh_
o	like o in so	oh	okno	<u>_ohk_</u>-_noh_
u, ó	like u in put	oo	sufit	<u>_soo_</u>-_fit_
y	like i in fit	yh	buty	<u>_boo_</u>-_tyh_
ą	1. nasal, like an in fiancé, at the end of a word	1. ohm	1. są	1. _sohm_
	2. pronounced ohn before a consonant	2. ohn	2. kąt	2. _kohnt_
	3. pronounced ohm before b and p	3. ohm	3. ząb	3. _zohmb_
ę	1. ehn before a consonant	1. ehn	1. ręka	1. <u>_rehn_</u>-_kah_
	2. ehm before b and p	2. ehm	2. kępa	2. <u>_kehm_</u>-_pah_
	3. eh when final in a word	3. eh	3. tę	3. _teh_

HOW TO USE THE APP

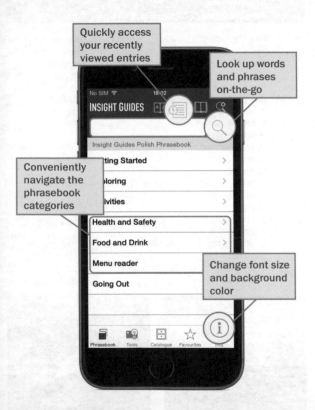

Quickly access your recently viewed entries

Look up words and phrases on-the-go

Conveniently navigate the phrasebook categories

Change font size and background color

Save the most useful everyday words and phrases to your Favorites

Use the Flash Cards Quiz to learn and memorize new words easily

Take all digital advantages of the app: listen to words and phrases pronounced by native speakers

No SIM 18:16

Insight Guides Polish Phrasebook

Is there a traditional Polish/ inexpensive restaurant nearby?

Czy jest tu gdzie... liżu tradycyjna polsk... niedroga restauracja?

chyh yehst too gdj'yehsh'
fpoh•blee•zhoo
trah•dyh•tsyhy•nah
pohls•kah / n'yeh•droh•gah
rehs•tahw•rahts•yah

Can you reco...   A table for......

Phrasebook   Tools   Catalogue   Favourites   Info

To learn how to activate the app, see the inside back cover of this phrasebook.

THE BASICS

GRAMMAR

In Polish, there are two forms for you: **ty** (singular) and **wy** (plural). These are used when talking to relatives, close friends and children as well as among young people. When addressing someone in a formal situation use **pan** (Mr/sir), **pani** (Mrs/Ms/ma'am [madam]) or **państwo** (for groups).

REGULAR VERBS

Polish verbs are conjugated based on person, number, tense and gender. Following are the present, past and future forms of the verbs **robić** (to do) and **mieć** (to have).
The following abbreviations are used in this section: sing. = singular; pl. = plural; fml. = formal;

ROBIĆ	FDH	PRESENT	PAST	FUTURE
I	ja	robię	robiłem *m* robiłam *f*	*będę robić*
you	ty	robisz	robiłeś *m* robiłaś *f*	*będziesz robić*
he/sir	on/pan	robi	robił *m*	*będzie robić*
she/ madam	ona/pani	robi	robiła *f*	*będzie robić*
it	ono	robi	robiło	*będzie robić*
we	my	robimy	robiliśmy *m* robiłyśmy *f*	*będziemy robić*
you	wy	robicie	robiliście *m* robiłyście *f*	*będziecie robić*
they (pl. fml.)	oni *m/* one *f* państwo	robią	robili *m* robiły *f*	*będą robić*

MIEĆ	FDH	PRESENT	PAST	FUTURE
I	ja	man	miałem *m* miałam *f*	*będę mieć*
you	ty	masz	miałeś *m* miałaś *f*	*będziesz mieć*
he/sir	on/pan	ma	miał *m*	*będzie mieć*
she/ madam	ona/pani	ma	miała *f*	*będzie mieć*
it	ono	ma	miało	*będzie mieć*
we	my	mamy	mieliśmy *m* miałyśmy *f*	*będziemy mieć*
you	wy	macie	mieliście *m* miałyście *f*	*będziecie mieć*
they (pl. fml.)	oni *m*/ one *f* państwo	mają	mieli *m* miały *f*	*będą mieć*

IRREGULAR VERBS

Irregular verbs are not conjugated by following the normal rules. Following are two common irregular verbs, **być** (to be) and **iść** (to go).

MIEĆ	FDH	PRESENT	PAST	FUTURE
I	ja	jestem	byłem *m* byłam *f*	*będę*
you	ty	jesteś	byłeś *m* byłaś *f*	*będziesz*
he/sir	on/pan	jest	był *m*	*będzie*
she/ madam	ona/pani	jest	była *f*	*będzie*
it	ono	jest	było	*będzie*
we	my	jesteśmy	byliśmy *m* byłyśmy *f*	*będziemy*
you	wy	jesteście	byliście *m* byłyście *f*	*będziecie*

they	oni *m/*	są	byli *m*	będą
(pl. fml.)	one *f*		były *f*	
	państwo			

MIEĆ	FDH	PRESENT	PAST	FUTURE
I	ja	idę	szedłem *m*	będę iść
			szłam *f*	
you	ty	idziesz	szedłeś *m*	będziesz iść
			szłaś *f*	
he/sir	on/pan	idzie	szedł *m*	będzie iść
she/ madam	ona/pani	idzie	szła *f*	będzie iść
it	ono	idzie	szło	będzie iść
we	my	idziemy	szliśmy *m*	będziemy iść
			szłyśmy *f*	
you	wy	idziecie	szliście *m*	będziecie iść
			szłyście *f*	
they	oni *m/*	idą	szli *m*	będą iść
(pl. fml.)	one *f*		szły *f*	
	państwo			

NOUNS

Nouns in Polish are either masculine, feminine or neuter. Masculine nouns usually end in a consonant. Feminine nouns usually end in −a or, less often, −i. Neuter nouns end in −ę or −o. Most masculine and feminine nouns, when plural, end in −y or in −i; most neuter nouns in −a.

The endings of nouns vary according to their role in the sentence. There are seven different cases (roles) in both the singular and plural.

There are no articles (a, an, the) in Polish.

WORD ORDER

Word order in Polish is usually as in English, i.e., subject-verb-object. However, word order can be more flexible, because the word endings indicate the role of each word in the sentence.

Example: **Ania dała książkę Markowi. = Ania dała Markowi książkę. = Ania Markowi dała książkę.** (Ania gave Marek a book.)

To ask a question in Polish:

1. use **czy**
Example: **Czy to pan Kowalski?** Is it Mr. Kowalski?

2. add rising intonation to an affirmative statement
Example: **Pan Kowalski?** Mr. Kowalski?

3. use question words
gdzie, kiedy, kto, co where, when, who, what
Example: **Gdzie jesteś?** Where are you?
Kiedy wrócisz? When are you coming back?
Co będziemy robić? What are we going to do?

NEGATIONS

To form a negative sentence, add **nie** (not) before the verb. Note that noun endings may change.

Example: **Mam bilet.** I have a ticket.
Nie mam biletu. I don't have a ticket.

IMPERATIVES

Imperative sentences are formed by adding the appropriate
ending to the verb stem.
Example: Go!

you	ty	Idź!
he/sir	on/pan	Niech idzie!
she/madam	ona/pani	Niech idzie!
it	ono	Niech idzie!
we	my	Idźmy!
you	wy	Idźcie!
they (pl. fml.)	oni *m*/one *f*	Niech idą!
		Niech państwo idą!

ADJECTIVES

Adjectives must agree in gender, number and case with the
nouns they modify. Masculine adjectives usually end in **–y** or **–i.**
The feminine and neuter endings are **–a** and **–e**, respectively.
Examples: **To duży m dom *m*.** This is a big house.
To duża f szkoła *f*. This is a big school.
To duże dziecko. This is a big child.

COMPARATIVES & SUPERLATIVES

The comparative is usually formed by adding **–szy** *m*/**–sza** *f*/**–sze** *(neuter)* and the superlative by adding **naj…–szy** *m*/**–sza** *f*/**–sze** *(neuter)*.
Example:
tani (cheap)   **tańszy**   **najtańszy**
Less common adjectives often use the complex comparative and superlative form:
comparative = **bardziej** (more) + adjective
superlative = **najbardziej** (the most) + adjective
Example:
tradycyjny (traditional)   **bardziej**   **najbardziej**
                               tradycyjny   **tradycyjny**

ADVERBS

Some adverbs in Polish are formed from adjectives by adding the ending **–o**, but there is no fixed rule.
Examples: **To szybki samochód.** This is a fast car. (adjective)
           Robert jeździ szybko samochodem. Robert drives his car fast. (adverb)

GETTING STARTED

THE BASICS

NUMBERS

NEED TO KNOW

0	**zero**	*zeh • roh*
1	**jeden**	*yeh • dehn*
2	**dwa**	*dvah*
3	**trzy**	*tshyh*
4	**cztery**	*chteh • ryh*
5	**pięć**	*pyehn'ch'*
6	**sześć**	*shehsh'ch'*
7	**siedem**	*sh'yeh • dehm*
8	**osiem**	*oh • sh'yehm*
9	**dziewięć**	*dj'yeh • vyehn'ch'*
10	**dziesięć**	*dj'yeh • sh'yehn'ch'*
11	**jedenaście**	*yeh • deh • nahsh' • ch'yeh*
12	**dwanaście**	*dvah • nahsh' • ch'yeh*

13	**trzynaście**
	tshyh • <u>nahsh'</u> • ch'yeh
14	**czternaście**
	chtehr • <u>nahsh</u> • ch'yeh
15	**piętnaście**
	pyeht • <u>nahsh'</u> • ch'yeh
16	**szesnaście**
	shehs • <u>nahsh'</u> • ch'yeh
17	**siedemnaście**
	sh'yehdehm • <u>nahsh</u> • ch'yeh
18	**osiemnaście**
	oh • sh'yehm • <u>nahsh'</u> • ch'yeh
19	**dziewiętnaście**
	dj'yeh • vyeht • <u>nahsh'</u> • ch'yeh
20	**dwadzieścia**
	dvah • <u>dj'yehsh'</u> • ch'yah
21	**dwadzieścia jeden**
	dvah • <u>dj'yehsh'</u> • ch'yah <u>yeh</u> • dehn
22	**dwadzieścia dwa**
	dvah • <u>dj'yehsh'</u> • ch'yah dvah
30	**trzydzieści**
	tshyh • <u>dj'yehsh</u> • ch'ee
40	**czterdzieści**
	chtehr • <u>dj'yehsh</u> • ch'ee
50	**pięćdziesiąt**
	pyehn' • <u>dj'yeh</u> • sh'yohnt
60	**sześćdziesiąt**
	shehsh' • <u>dj'yeh</u> • sh'yont
70	**siedemdziesiąt**
	sh'yeh • dehm • <u>dj'yeh</u> • sh'yohnt
80	**osiemdziesiąt**
	oh • sh'yehm • <u>dj'yeh</u> • sh'yohnt

90	**dziewięćdziesiąt**
	dj'eh • vyen' • dj'yeh • sh'ohnt
100	**sto**
	stoh
101	**sto jeden**
	stoh • yeh • dehn
200	**dwieście**
	dvyehsh' • ch'yeh
500	**pięćset**
	pyehnch' • seht
1,000	**tysiąc**
	tyh • sh'yohnts
10,000	**dziesięć tysięcy**
	dj'yeh • sh'yehnch' tyh • sh'yen • tsyh
1,000,000	**milion**
	meel • yohn

ORDINAL NUMBERS

first	**pierwszy**
	pyehr • vshyh
second	**drugi**
	droo • gee
third	**trzeci**
	tsheh • ch'ee
fourth	**czwarty**
	chfahr • tyh
fifth	**piąty**
	pyohn • tyh
once	**raz**
	rahs

twice	**dwa razy**
	dvah <u>rah</u> • zyh
three times	**trzy razy**
	tshyh <u>rah</u> • zyh

(i)

In Polish, as in the majority of European countries, a comma is used in place of a decimal point, and gaps are used in long numbers in place of commas. Example: 1 234 567,89 **jeden milion, dwieście trzydzieści cztery tysiące, pięćset sześćdziesiąt siedem, osiemdziesiąt dziewięć.**

TIME

NEED TO KNOW

What time is it?	**Czy może mi pan powiedzieć, która godzina?**
	chyh moh•zheh mee pahn poh•vyeh•dj'yehch' ktoo•rah goh•dj'ee•nah
five after [past] five	**pięć po piątej**
	pyehn'ch' poh pyohn•tehy
quarter to nine	**za piętnaście dziewiąta**
	zah pyeht•nahsh'•ch'yeh dj'yeh•vyohn•tah
ten to seven	**za dziesięć siódma**
	zah dj'yeh•sh'yehn'ch' sh'yood•mah
5:30 a.m./p.m.	**piąta trzydzieści rano/siedemnasta trzydzieści**
	pyohn•tah tshyh•dj'yehsh'•ch'ee rah•noh/sh'yeh•dehm•nahs•tah tshyh•dj'yehsh'•ch'ee
It's noon [midday].	**Jest południe.**
	yehst poh•wood•n'yeh
It's midnight.	**Jest północ.**
	yehst poow•nohts

In Poland, time is expressed using the 24-hour clock. However, in ordinary conversation, time is usually expressed using numbers 1 to 12 with the addition of **rano** (morning), **po południu** (afternoon) or **wieczorem** (evening).

DAYS

NEED TO KNOW

Monday	**poniedziałek**	
	poh • n'yeh • dj'yah' • wehk	
Tuesday	**wtorek**	
	ftoh • rehk	
Wednesday	**środa**	
	sh'roh • dah	
Thursday	**czwartek**	
	chfahr • tehk	
Friday	**piątek**	
	pyohn • tehk	
Saturday	**sobota**	
	soh • boh • tah	
Sunday	**niedziela**	
	n'yeh • dj'yeh • lah	

DATES

yesterday	**wczoraj**	
	fchoh • rahy	
today	**dzisiaj**	
	dj'ee • sh'yahy	
tomorrow	**jutro**	
	yoot • roh	
day	**dzień**	
	dj'yehn'	
week	**tydzień**	
	tyh • dj'yehn'	

month	**miesiąc**
	myeh • sh'ohnts
year	**rok**
	rohk

MONTHS

January	**styczeń**
	styh • chehn'
February	**luty**
	loo • tyh
March	**marzec**
	mah • zhehts
April	**kwiecień**
	kfyeh • ch'yehn'
May	**maj**
	mahy
June	**czerwiec**
	chehr • vyehts
July	**lipiec**
	lee • pyehts
August	**sierpień**
	sh'yehr • pyehn'

September	**wrzesień**
	vzheh • sh'yehn'
October	**październik**
	pahzh' • dj'yehr • n'eek
November	**listopad**
	lees • toh • paht
December	**grudzień**
	groo • dj'yehn'

SEASONS

spring	**wiosna**
	vyohs • nah
summer	**lato**
	lah • toh
fall [autumn]	**jesień**
	yeh • sh'yehn'
winter	**zima**
	zh'ee • mah

HOLIDAYS

January 1: New Year's Day, **Nowy Rok**
January 6: Epiphany, **Trzech Króli**
March/April: Easter (moveable), **Wielkanoc**
May 1: Labor Day, **Święto 1 Maja**
May 3: Constitution Day, **Konstytucja 3 Maja**
Thursday in May/June: Corpus Christi (moveable), **Boże Ciało**
August 15: Assumption Day, **Wniebowzięcie**
November 1: All Saints' Day, **Wszystkich Świętych**
November 11: Independence Day, **Święto Niepodległości**
December 25 & 26: Christmas, **Boże Narodzenie**

NEED TO KNOW

I'm here on
vacation/business.

Przyjechałem *m*/**Przyjechałam** *f*
tutaj na wakacje/łużbowo.
pshyh • yeh • hah • wehm/
pshyh • yeh • hah • wahm too • tahy nah
vah • kahts • yeh/swoozh • boh • voh

I'm going to…

Jadę do…
yah • deh doh…

I'm staying at the…
Hotel.

Zatrzymałem *m*/**Zatrzymałam** *f* **się**
w Hotelu…
zah • tshyh • mah • wehm/
zah • tshyh • mah • wahm sh'yeh
fhoh • teh • loo…

YOU MAY HEAR...

Bilet/Paszport, proszę.
bee • leht/pahsh • pohrt proh • sheh

Jaki jest cel pana wizyty?
yah • kee yehst tsehl pah • nah
vee • zyh • tyh

Gdzie pan się zatrzymał?
gdj'yeh pahn sh'yeh zah • tshyh • mahw

Jak długo pan tu będzie?
yahk dwoo • goh pahn too behn • dj'ye

Z kim pan tutaj jest?
skeem pahn too • tahy yehst

Your ticket/
passport, please.

What's the
purpose of your
visit?

Where are you
staying?

How long are you
staying?

Who are you here
with?

When addressing a man in a formal situation, use
pan (sir); when addressing a woman, use **pani** (ma'am or
madam). Throughout this phrase book **pan** is used for the
sake of simplicity. When speaking to a woman, be sure to
substitute **pani** for **pan**.

BORDER CONTROL

I'm just passing
through.

Jestem tu tylko przejazdem.
yeh • stehm too tyhl • koh
psheh • yahz • dehm

I would like to
declare...

Chciałbym m/**Chciałabym** f
zadeklarować...
hch'yahw • byhm/hch'yah • wah • byhm
zah • dehk • lah • roh • vahch'...

I have nothing to declare.	**Nie mam nic do oclenia.**
	n'yeh mahm n'eets doh ohts • leh • n'yah

YOU MAY HEAR...

Czy ma pan coś do oclenia?
chyh mah pahn tsohsh' doh ohts • leh • n'yah

Anything to declare?

Musi pan zapłacić za to cło.
moo • sh'ee pahn zah • pwa • ch'eech' zah toh tswoh

You must pay duty on this.

Proszę otworzyć torbę/walizkę.
proh • sheh oht • foh • zhych' tohr • beh/ vah • lees • keh

Please open your bag/suitcase.

YOU MAY SEE...

ODPRAWA CELNA	customs
TOWARY BEZCŁOWE	duty-free goods
TOWARY DO OCLENIA	goods to declare
NIC DO OCLENIA	nothing to declare
KONTROLA PASZPORTOWA	passport control
POLICJA	police
DLA PERSONELU	staff only

MONEY

NEED TO KNOW

Where's…?	**Gdzie jest…?**
	gdj'yeh yehst…
the ATM	**bankomat**
	bahn • koh • maht
the bank	**bank**
	bahnk
the currency exchange office	**kantor**
	kahn • tohr
When does the bank open/close?	**O której otwierają/zamykają bank?**
	oh ktoo • rehy oht • fyeh • rah • yohm/ zah • myh • kah • yohm bahnk
I'd like to change dollars/pounds into zlotys.	**Chciałbym** *m***/Chciałabym** *f* **wymienić dolary/funty na złotówki.**
	hch'yahw • byhm/hch'yah • wah • byhm vyh • myeh • n'eech' do • lah • ryh/ foon • tyh nah zwoh • toof • kee
I want to cash some travelers checks.	**Chcę zrealizować czeki podróżne.**
	htseh zreh • ah • lee • zoh • vahch' cheh • kee pohd • roozh • neh

AT THE BANK

I'd like to change money.	**Chciałbym** *m***/Chciałabym** *f* **wymienić pieniądze.**
	hch'yahw • byhm/hch'yah • wah • byhm vyh • myeh • n'eech' pyeh • n'yohn • dzeh
What's the exchange rate?	**Jaki jest kurs wymiany?**
	yah • kee yehst koors vyh • myah • nyh

How much is the fee?	**Jaka jest prowizja?**
	yah • kah yest proh • veez • yah
I've lost my travelers checks/ credit cards.	**Zgubiłem** *m*/**Zgubiłam** *f* **czeki podróżne/ karty kredytowe.**
	zgoo • bee • wehm/zgoo • bee • wahm cheh • kee pohd • roozh • neh/kahr • tyh kreh • dyh • toh • veh
My card was stolen.	**Ukradli mi kartę.**
	oo • krahd • lee mee kahr • teh
My card doesn't work.	**Moja karta nie działa.**
	moh • yah kahr • tah n'yeh dj'yah • wah

For Numbers, see page 20.

YOU MAY SEE...

The currency in Poland is the **złoty**; one **złoty** is made up of 100 **groszy**. Soon Poland may adopt the euro as its national currency; until then **złoty** is the accepted form of payment.
Coins: 1, 2, 5, 10, 20, 50 **groszy**; 1, 2, 5 **złoty**.
Bills: 10, 20, 50, 100, 200 **złoty**.

Prices in Poland generally include **VAT** (sales tax). The price you will pay is the price displayed on the sales tag.

Banks usually open between 8:00 a.m. and 6:00 p.m. When changing cash and travelers checks, you will need to show your passport. Numerous **kantory** (currency exchange offices) provide exchange services and usually have a better exchange rate than banks. Some large hotels will exchange cash and travelers checks for their guests. In cities and larger towns you'll find **bankomaty**, ATMs that accept various international bank and credit cards. Travelers checks are not currently accepted in stores and hotels.

YOU MAY SEE...

WŁÓŻ KARTĘ	insert credit card
WYBIERZ JĘZYK	select language
WPROWADŹ PIN	enter your PIN
WCIŚNIJ KLAWISZ	press key
WYPŁATA GOTÓWKI	cash withdrawal
INNA KWOTA	different amount
STAN RACHUNKU	balance inquiry
WOLNE ŚRODKI	available balance
AKCEPTUJ	enter
ANULUJ	cancel
POPRAW	clear
KONTYNUUJ	next
KONIEC	end
POTWIERDZENIE	receipt

CONVERSATION

NEED TO KNOW

Hello	**Dzień dobry.**
	dj'yehn' dohb • ryh
How are you?	**Jak się pan ma?**
	yahk sh'yeh pahn mah
Fine, thanks.	**W porządku, dziękuję.**
	fpoh • zhohnt • koo dz'yehn • koo • yeh
Excuse me!	**Przepraszam!**
	psheh • prah • shahm
Do you speak English?	**Mówi pan po angielsku?**
	moo • vee pahn poh ahn • gyehl • skoo
What's your name?	**Jak się pan nazywa?**
	yahk sh'yeh pahn nah • zyh • vah
My name is…	**Nazywam się…**
	nah • zyh • vahm sh'yeh…
Pleased to meet you.	**Miło mi pana poznać.**
	mee • woh mee pah • nah pohz • nahch'
Where are you from?	**Skąd pan jest?**
	skohnt pahn yehst
I'm from the U.S./U.K.	**Jestem z USA/Wielkiej Brytanii.**
	yehs • tehm z oo • ehs • ah/vyehl • kyehy bryh • tah • n'ee
What do you do for a living?	**Czym się pan zajmuje?**
	chyhm sh'yeh pahn zahy • moo • yeh
I work for…	**Pracuję w…**
	prah • tsoo • yeh v…
I'm a student.	**Studiuję.**
	stoo • dyoo • yeh

I'm retired.	**Jestem na emeryturze.**
	yehs • _tehm nah_
	_eh_ • _meh_ • _ryh_ • _<u>too</u>_ • _zheh_
Do you like...?	**Lubi pan...?**
	<u>loo</u> • _bee pahn..._
Goodbye.	**Do widzenia.**
	doh vee • _<u>dzeh</u>_ • _n'yah_
See you later.	**Do zobaczenia.**
	doh zoh • _bah_ • _<u>cheh</u>_ • _n'yah_

LANGUAGE DIFFICULTIES

Do you speak English?	**Mówi pan po angielsku?**
	<u>moo</u> • _vee pahn po ahn_ • _<u>gyehls</u>_ • _koo_
Does anyone here speak English?	**Czy ktoś tu zna angielski?**
	chyh ktohsh' too znah ahn • _<u>gyehls</u>_ • _kee_
I don't speak much Polish.	**Słabo mówię po polsku.**
	<u>swah</u> • _boh moo_ • _vyeh poh pohls_ • _koo_
Can you speak more slowly?	**Proszę mówić wolniej.**
	<u>proh</u> • _sheh moo_ • _veech' <u>vohl</u>_ • _n'yehy_
Can you repeat that?	**Proszę powtórzyć.**
	<u>proh</u> • _sheh pohf_ • _<u>too</u>_ • _zhyhch'_

Excuse me? [Pardon?]	**Słucham?**
	swoo • hahm
What was that?	**Co pan powiedział?**
	tsoh pahn poh • _vyeh_ • dj'yahw
Can you spell it?	**Może pan to przeliterować?**
	moh • zheh pahn toh
	psheh • leeh • teh • _roh_ • vahch'
Can you write it down?	**Może pan mi to napisać?**
	moh • zheh pahn mee toh
	nah • _pee_ • sahch'
Can you translate this into English for me?	**Może pan mi to przetłumaczyć na angielski?**
	moh • zheh pahn mee toh
	psheh • twoo • _mah_ • chyhch' nah
	ahn • _gyehl_ • skyh
What does this mean?	**Co to znaczy?**
	tsoh toh _znah_ • chyh
I understand.	**Rozumiem.**
	roh • _zoo_ • myehm
I don't understand.	**Nie rozumiem.**
	n'yeh roh • _zoo_ • myehm
Do you understand?	**Rozumie pan?**
	roh • _zoo_ • myeh pahn

YOU MAY HEAR...

Słabo mówię po angielsku.
swah • boh _moo_ • vyeh poh
ahn • _gyehls_ • koo

I speak only a little English.

Nie mówię po angielsku.
n'yeh _moo_ • vyeh poh ahn • _gyehls_ • koo

I don't speak English.

ⓘ

In olden times, it was customary for men to kiss women's hands as a sign of respect upon greeting. Today men and women simply say hello or kiss each other on the cheek if they are good friends. In most situations you can say **dzień dobry**, good morning or hello. With relatives, friends and children you can simply say **cześć**, meaning 'hi'.

MAKING FRIENDS

Hello./Hi!	**Dzień dobry./Cześć!**
	dj'yehn' dohb • ryh/chehsh'ch'
Good morning.	**Dzień dobry.**
	dj'yehn' dohb • ryh
Good evening.	**Dobry wieczór.**
	dohb • ryh vyeh • choor
My name is...	**Nazywam się...**
	nah • zyh • vahm sh'yeh...
What's your name?	**Jak się pan nazywa?**
	yahk sh'yeh pahn nah • zyh • vah
I'd like to introduce you to...	**Chciałbym** *m* **/Chciałabym** *f* **pana przedstawić...**
	hch'yahw • byhm/hch'yah • wah • byhm pah • nah psheht • stah • veech'...
Pleased to meet you.	**Miło mi pana poznać.**
	mee • woh mee pah • nah pohz • nahch'
How are you?	**Jak się pan ma?**
	yahk sh'yeh pahn mah
Fine, thanks.	**W porządku, dziękuję.**
	fpoh • zhohnt • koo dz'yehn • koo • yeh
And you?	**A pan?**
	ah pahn

TRAVEL TALK

I'm here…	**Jestem tutaj.** *yehs • tehm too • tay*
on business	**służbowo** *swoozh • boh • voh*
on vacation	**na wakacjach** *nah vah • kahts • yahh*
I'm studying.	**Studiuję.** *stood • yoo • yeh*
I'm staying for…	**Będę tu…** *beh • deh too…*
I've been here…	**Jestem tu…** *yehs • tehm too…*
a day	**jeden dzień** *yeh • dehn dj'yehn'*
a week	**tydzień** *tyh • dj'yehn'*
a month	**miesiąc** *myeh • sh'yohnts*
Where are you from?	**Skąd pan jest?** *skohnt pahn yehst*
I'm from…	**Jestem z…** *yehs • tehm z…*

For Numbers, see page 20.

PERSONAL

Who are you with?	**Z kim pan tu jest?** *skeem pahn too yehst*
I'm here alone.	**Jestem sam** *m*/**sama** *f* *yehs • tehm sahm/sah • mah*
I'm with…	**Jestem z…** *yehs • tehm z…*

my husband/wife	**moim mężem/moją żoną**
	moh•eem mehn•zhehm/moh•yohm
	zhoh•nohm
my boyfriend/ girlfriend	**moim chłopakiem/moją dziewczyną**
	moh•eem hwoh•pah•kyehm/moh•yohm
	dj'yehf•chyh•nohm
a friend	**przyjacielem** m/**przyjaciółką** f
	pshyh•yah•ch'yeh•lehm/
	pshyh•yah•ch'yoow•kohm
friends	**przyjaciółmi**
	pshyh•yah•ch'yoow•myh
a colleague	**kolegą** m/**koleżanką** f **z pracy**
	koh•leh•gohm/koh•leh•zhahn•kohm
	sprah•tsyh
colleagues	**kolegami** m/**koleżankami** f **z pracy**
	koh•leh•gah•myh/
	koh•leh•zhahn•kah•myh sprah•tsyh
When's your birthday?	**Kiedy ma pan urodziny?**
	k'yeh•dyh mah pahn oo•roh•dj'ee•nyh
How old are you?	**Ile ma pan lat?**
	ee•leh mah pahn laht
I'm...	**Mam...lat.**
	mahm...laht
Are you married?	**Czy jest pan żonaty** m/**pani mężatką** f **?**
	chyh yehst pahn zhoh•nah•tyh/pah•n'ee
	mehn•zhaht•kohm
I'm...	**Jestem...**
	yehs•tehm...
single/ in a relationship	**wolny** m/**wolna** f
	w związku _vohl•nyh/vohl•nah/_
	vzvyohn•skoo
engaged	**zaręczony** m/**zaręczona** f
	zah•rehn•choh•nyh/
	zah•rehn•choh•nah

married	**żonaty** m/**mężatką** f
	zhoh • _nah_ • tyh/ mehn • _zhaht_ • kohm
divorced	**rozwiedziony** m/**rozwiedziona** f
	rohz • vyeh • _dj'yoh_ • nyh/
	rohz • vyeh • _dj'yoh_ • nah
separated	**w separacji**
	fseh • pah • _rah_ • tsee
widowed	**wdowcem** m/**wdową** f
	vdoh • vtsehm/_vdoh_ • vohm
Do you have children/ grandchildren?	**Ma pan dzieci/wnuki?**
	mah pahn _dj'yeh_ • ch'ee/ _vnoo_ • kee

For Numbers, see page 20.

WORK & SCHOOL

What do you do for a living?	**Czym się pan zajmuje?**
	chyhm sh'yeh pahn zahy • _moo_ • yeh?
What are you studying?	**Co pan studiuje?**
	tsoh pahn stood • _yoo_ • yeh
I'm studying…	**Studiuję…**
	stood • _yoo_ • yeh…
I work full time/ part time.	**Pracuję na pełny etat/część etatu.**
	prah • _tsoo_ • yeh nah _pehw_ • nyh eh • taht/ chehn'sh'ch' eh • _tah_ • too
I'm unemployed.	**Nie pracuję.**
	n'yeh prah • _tsoo_ • yeh
I work at home.	**Pracuję w domu.**
	prah • _tsoo_ • yeh _vdoh_ • moo
Who do you work for?	**Gdzie pan pracuje?**
	gdj'yeh pahn prah • _tsoo_ • yeh
I work for…	**Pracuję w…**
	prah • _tsoo_ • yeh v…

Here's my business card.	**Oto moja wizytówka.**
	_oh_ • toh _moh_ • yah vee • zyh • _toof_ • kah

For Communications, see page 83.

WEATHER

What's the weather forecast?	**Jaka jest prognoza pogody?**
	yah • kah yehst prohg • _noh_ • zah poh • _goh_ • dyh
What beautiful/ terrible weather!	**Jaka piękna/okropna pogoda!**
	yah • kah _pyehnk_ • nah/oh • _krohp_ • nah poh • _goh_ • dah
It's cool/warm.	**Jest chłodno/ciepło.**
	yehst hwohd • noh/_ch'yehp_ • wo
It's hot/cold.	**Jest gorąco/zimno.**
	yehst goh • _rohn_ • tsoh/_zh'eem_ • noh
It's sunny.	**Świeci słońce.**
	sh'vyeh • ch'ee _swohn'_ • tseh
It's rainy/snowy.	**Pada deszcz/śnieg.**
	pah • dah dehshch/sh'n'yehk
It's icy.	**Jest ślisko.**
	yehst sh'lees • koh
Do I need a jacket/ an umbrella?	**Mam wziąć kurtkę/parasol?**
	mahm vzyohn'ch' koort • keh/ pah • _rah_ • sohl

For Seasons, see page 27.

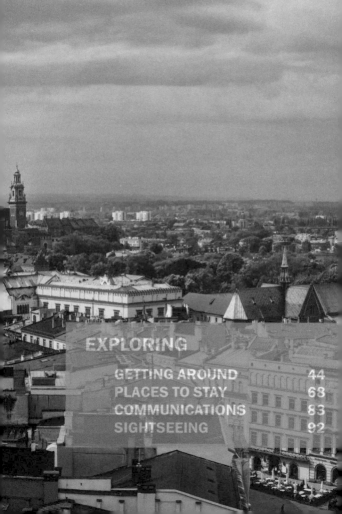

EXPLORING

GETTING AROUND

NEED TO KNOW

How do I get to town?	**Jak stąd dojechać do miasta?**
	yahk stohnt doh • <u>yeh</u> • hahch' doh
	<u>myahs</u> • tah
Where's…?	**Gdzie jest…?**
the airport	*gdj'yeh yehst… lotnisko*
	loht • <u>n'ees</u> • koh
the train [railway]	**dworzec kolejowy**
station	*<u>dvoh</u> • zhehts koh • leh • <u>yoh</u> • vyh*
the bus station	**dworzec autobusowy**
	<u>dvoh</u> • zhehts ahw • toh • boo • <u>soh</u> • vyh
the metro	**stacja metra**
[underground]	*<u>stahts</u> • yah <u>meht</u> • rah*
station	
Is it far from here?	**Czy to daleko stąd?**
	chyh toh dah • <u>leh</u> • koh stohnt
Where can I	**Gdzie mogę kupić bilety?**
buy tickets?	*gdj'yeh <u>moh</u> • geh <u>koo</u> • peech'*
	bee • <u>leh</u> • tyh

A one-way [single]/round-trip [return] ticket to…	**Bilet w jedną stonę/powrotny do…** _bee • leht vyehd • nohm stroh • neh/pohv • roht • nyh doh…_
Are there any discounts?	**Czy są jakieś zniżki?** _chyh sohm yah • kyehsh' zn'eesh • kee_
Where can I get a taxi?	**Gdzie mogę złapać taksówkę?** _gdj'yeh moh • geh zwah • pahch' tahk • soof • keh_
Please take me to this address.	**Proszę mnie zawieźć pod ten adres.** _proh • sheh mn'yeh zah • vyehsh'ch' poht tehn ahd • rehs_
Where can I rent a car?	**Gdzie mogę wynająć samochód?** _gdj'yeh moh • geh vyh • nah • yohn'ch' sah • moh • hoot_
Can I have a map, please?	**Poproszę mapę.** _poh • proh • sheh mah • peh_

TICKETS

When's…to Cracow?	**O której jest…do Krakowa?** _oh ktoo • rehy yehst… doh krah • koh • vah_
the (first) bus	**(pierwszy) autobus** _(pyehr • shyh) ahw • toh • boos_
the (next) flight	**(następny) samolot** _(nahs • tehm • pnyh) sah • moh • loht_
the (last) train	**(ostatni) pociąg** _(ohs • taht • n'ee) poh • ch'yonk_
Where can I buy a ticket?	**Gdzie mogę kupić bilet?** _gdj'yeh moh • geh koo • peech' bee • leht_
One/two ticket(s), please.	**Jeden bilet/Dwa bilety proszę.** _yeh • dehn bee • leht/dvah bee • leh • tyh proh • sheh_

A…ticket.	**Bilet…**
	bee • leht…
one-way [single]	**w jedną stronę**
	vyehd • nohm <u>stroh</u> • neh
round-trip [return]	**powrotny**
	pohv • <u>roht</u> • nyh
first class	**w pierwszej klasie**
	fpyehr • shehy klah • sh'yeh
economy class	**w klasie turystycznej**
	fklah • sh'yeh too • ryhs • <u>tyhch</u> • nehy
How much?	**Ile to kosztuje?**
	ee • leh toh kohsh • <u>too</u> • yeh
Is there a discount for…?	**Czy jest zniżka dla…?**
	chyh yehst <u>zn'eesh</u> • kah dlah…
children	**dzieci**
	<u>dj'ye</u> • ch'ee
students	**studentów**
	stoo • <u>dehn</u> • toof
senior citizens	**emerytów**
	eh • meh • <u>ryh</u> • toof
I have an e-ticket.	**Mam bilet elektroniczny.**
	mahm <u>bee</u> • leht
	eh • lehk • troh • <u>n'eech</u> • nyh
Can I buy a ticket on the bus/train?	**Czy można kupić bilet w autobusie/ pociągu?**
	chyh <u>mohzh</u> • nah <u>koo</u> • peech' bee • leht v ahw • toh • <u>boo</u> • sh'yeh/poh • <u>ch'yohn</u> • goo
I'd like to…my reservation.	**Chciałbym** *m/***Chciałabym** *f***…moją rezerwację.**
	<u>hch'yahw</u> • byhm/<u>hch'yah</u> • wah • byhm… <u>moh</u> • yohm reh • zehr • <u>vahts</u> • yeh
cancel	**odwołać**
	ohd • <u>voh</u> • wahch'
change	**zmienić**
	<u>zmyeh</u> • n'eech'

| confirm | **potwierdzić** |
| | *poh • <u>tfyehr</u> • dj'eech'* |

For Money, see page 31.

AIRPORT TRANSFER

How much is a taxi to the airport?	**Ile kosztuje taksówka na lotnisko?**
	ee • leh kohsh • <u>too</u> • yeh tahk • <u>soof</u> • kah nah loht • <u>n'ees</u> • koh
To…Airport, please.	**Na lotnisko…proszę.**
	nah loht • <u>n'ees</u> • koh…<u>proh</u> • sheh
My airline is…	**Lecę liniami…**
	<u>leh</u> • tseh lee • <u>n'yah</u> • mee…
My flight leaves at…	**Mam samolot o…**
	mahm sah • <u>moh</u> • loht oh…
I'm in a hurry.	**Spieszę się.**
	<u>spyeh</u> • sheh sh'yeh
Can you drive faster/ slower?	**Mógłby pan jechać szybciej/wolniej?**
	<u>moogw</u> • byh pahn yeh • hahch' <u>shyhp</u> • ch'yehy/<u>vohl</u> • n'yehy

For Time, see page 24.

YOU MAY SEE...

PRZYLOTY	arrivals
ODLOTY	departures
ODBIÓR BAGAŻU	baggage claim
ODLOTY KRAJOWE	domestic flights
ODLOTY MIĘDZYNARODOWE	international flights
STANOWISKO ODPRAWY	check-in
WYJŚCIA	departure gates
NIC DO OCLENIA	nothing to declare
TOWARY DO OCLENIA	goods to declare
INFORMACJA CELNA	customs information
WOLNY OBSZAR CELNY	duty-free zone

YOU MAY HEAR...

Jakimi liniami pan leci?
yah • kee • mee lee • n'yah • mee pahn leh • ch'ee
What airline are you flying?

Lot krajowy czy zagraniczny?
loht krah • yoh • wyh chyh zah • grah • n'eech • nyh
Domestic or international flight?

Który terminal?
ktoo • ryh tehr • mee • nahl
What terminal?

CHECKING IN

Where's check-in?	**Gdzie jest stanowisko odprawy?** _gdj'yeh yehst stah • noh • vees • koh_ _oht • prah • vyh_
My name is…	**Nazywam się…** _nah • zyh • vahm sh'yeh…_
I'm going to…	**Lecę do…** _leh • tseh doh…_
How much luggage is allowed?	**Ile bagażu mogę wziąć?** _ee • leh bah • gah • zhoo moh • geh_ _wzh'yohn'ch'_
Which terminal does flight…leave from?	**Z którego terminalu odlatuje lot numer…?** _sktoo • reh • goh tehr • mee • nah • loo_ _ohd • lah • too • yeh loht noo • mehr…_
Which gate does flight…leave from?	**Które wyjście jest dla lotu numer…?** _ktoo • reh vyhy • sh'ch'yeh yehst dlah_ _loh • too noo • mehr…_
I'd like a window/ an aisle seat.	**Chciałbym m/Chciałabym f miejsce przy oknie/ przejściu.** _hch'yahw • byhm/hch'yah • wah • byhm_ _myehys • tseh pshyh ohk • n'yeh/_ _pshehy • sh'ch'yoo_

Can I take this on board?	**Czy mogę to wziąć jako bagaż podręczny?**
	chyh moh•geh toh vzh'yohn'ch' yah•koh bah•gahsh pohd•rehn•chnyh
When do we leave/ arrive?	**O której startujemy/lądujemy?**
	oh ktoo•rehy stahr•too•yeh•myh/ lohn•doo•yeh•myh

YOU MAY HEAR...

Proszę następną osobę!	Next person,
proh•sheh nah•stehmp•nohm oh•soh•beh	please!
Poproszę paszport/bilet.	Your passport/
poh•proh•sheh pahsh•pohrt/bee•leht	ticket, please.
Ma pan jakiś bagaż do nadania?	Are you checking
mah pahn yah•keesh' bah•gahsh doh nah•dah•n'yah	in any luggage?
Ma pan nadbagaż.	You have excess
mah pahn nahd•bah•gash	luggage.
Czy pan się sam pakował?	Did you pack
chyh pahn sh'yeh sahm pah•koh•vahw	these bags yourself?
Proszę opróżnić kieszenie.	Please empty
proh•sheh ohp•roozh•n'eech' kyeh•sheh•n'yeh	your pockets.
Proszę zdjąć buty.	Please take off
proh•sheh zdyohn'ch' boo•tyh	your shoes.
Zapraszamy pasażerów na pokład samolotu do..., rejs numer...	Now boarding flight number...
zah•prah•shah•myh pah•sah•zheh•roov nah pohk•wahd sah•moh•loh•too doh...rehys noo•mehr...	to...

Is flight…delayed?	**Czy lot…jest opóźniony?**
	chyh loht…yehst oh • poozh' • n'yoh • nyh
How late will it be?	**O ile jest opóźniony?**
	oh ee • leh yehst oh • poozh' • n'yoh • nyh

LUGGAGE

Where is/are…?	**Gdzie jest/są…?**
	gdj'yeh yehst/sohm…
the luggage carts [trolleys]	**wózki bagażowe**
	voos • kee bah • gah • zhoh • veh
luggage lockers/ baggage room	**skrytki bagażowe/przechowalnia bagażu**
	skryht • kee bah • gah • zhoh • veh/ psheh • hoh • vahl • n'yah bah • gah • zhoo
the baggage claim	**odbiór bagażu**
	ohd • byoor bah • gah • zhoo
My luggage has been lost.	**Zgubili mój bagaż.**
	zgoo • bee • lee mooy bah • gahsh
My baggage has been stolen.	**Ukradli mi bagaż.**
	oo • krahd • lee mee bah • gahsh
My suitcase was damaged.	**Moja walizka została uszkodzona.**
	moh • yah vah • lees • kah zohs • tah • wah oosh • koh • dzoh • nah

FINDING YOUR WAY

Where is/are…?	**Gdzie jest/są…?**
	gdj'yeh yehst/sohm…
the currency exchange office	**kantor**
	kahn • tohr
the exit	**wyjście**
	vyhsh'ch'yeh
the taxis	**taksówki**
	tahk • soof • kee

Where is the car rental [hire]?	**Gdzie można wynająć samochód?** *gdj'yeh mohzh • nah wyh • nah • yohn'ch' sah • moh • hoot*
Is there…into town?	**Czy można stąd dojechać…do centrum?** *chyh mohzh • nah stohnt doh • yeh • hahch'…doh tsehn • troom*
a bus	**autobusem** *ahw • toh • boo • sehm*
a train	**pociągiem** *poh • ch'yohn • gyehm*
a metro	**metrem** *meht • rehm*

For Asking Directions, see page 64.

TRAIN

Where's the train station?	**Gdzie jest dworzec kolejowy?** *gdj'yeh yehst dvoh • zhehts koh • leh • yoh • vyh*
Is it far from here?	**Czy to daleko stąd?** *chyh toh dah • leh • koh stohnt*
Where is/are…?	**Gdzie jest/są…?** *gdj'yeh yehst/sohm…*
the ticket office	**kasa biletowa** *kah • sah bee • leh • toh • vah*
the information desk	**informacja** *een • fohr • mah • tsyah*
luggage lockers/ baggage room	**skrytki bagażowe/przechowalnia bagażu** *skryht • kee bah • gah • zhoh • veh/ psheh • hoh • vahl • n'yah bah • gah • zhoo*
the platforms	**perony** *peh • roh • nyh*

Can I have a schedule [timetable]?	**Czy mogę prosić rozkład jazdy?** *chyh <u>moh</u> • geh <u>proh</u> • sh'eech' rohs • kwaht <u>yahz</u> • dyh*
How long is the trip [journey]?	**Jak długo trwa podróż?** *yahk <u>dwoo</u> • goh trfah poh • droosh*
Do I have to change trains?	**Czy muszę się przesiadać?** *chyh <u>moo</u> • sheh sh'yeh psheh • <u>sh'yah</u> • dahch'*
Do I need a reservation for this train?	**Muszę kupować miejscówkę?** *<u>moo</u> • sheh koo • <u>poh</u> • vahch' myehys • <u>tsoof</u> • keh*

For Tickets, see page 45.

Poland has a well-developed train network operated
by state-owned **PKP (Polskie Koleje Państwowe)** and some
regional operators (e.g. **Tanie Linie Kolejowe, TLK,** and **Koleje
Mazowieckie, KM**). Train travel within Poland is relatively
cheap. Fares differ according to the route, type of train and
seating class you select. Trains that require seat reservations
display the letter **R** on both the schedule and the car.
You can buy tickets at the train station's ticket office or at an
Orbis travel agency. It is also possible to buy tickets on the
train for an additional fee. Tickets for **InterCity,** express trains
and **TLK** trains are also available on the internet (www.pkp.
pl). If you need a reservation, your ticket will be automatically
sold with **miejscówka**, the reservation component, subject to
extra charge.

YOU MAY SEE…

PERONY	platforms
INFORMACJA	information
REZERWACJE	reservations
PRZYJAZDY	arrivals
ODJAZDY	departures
KASA BILETOWA (CZYNNA/ NIECZYNNA)	ticket office (open/closed)
ROZKŁAD JAZDY	schedule [timetable]
WYJŚCIE (EWAKUACYJNE)	(emergency) exit
TOALETY	restroom [toilet]
POSTÓJ TAKSÓWEK	taxi stand
BIURO RZECZY ZNALEZIONYCH	lost-and-found [lost property office]

DEPARTURES

Which track [platform] does the train to...leave from?	**Z którego toru [peronu] odjeżdża pociąg do...?** *sktoo • reh • goh toh • roo [peh • roh • noo] ohd • yehzh • djah poh • ch'yohnk doh...*
Is this the right track [platform] for...?	**Czy to z tego toru [peronu] odjeżdża pociąg do...?** *chyh toh steh • goh toh • roo [peh • roh • noo] ohd • yehzh • djah poh • ch'yohnk doh...*
Where is track [platform]...?	**Gdzie jest tor [peron]...?** *gdj'yeh yehst tohr [peh • rohn]...*
Where do I change for...?	**Gdzie mam się przesiąść na pociąg do...?** *gdj'yeh mahm sh'yeh psheh • sh'yohn'sh'ch' nah poh • ch'yonk doh...*

ON BOARD

Is this seat free?	**Czy to miejsce jest wolne?**
	chyh toh <u>myehys</u> • tseh yehst <u>vohl</u> • neh
That's my seat.	**To moje miejsce.**
	toh <u>moh</u> • yeh <u>myehys</u> • tseh

BUS

Where's the bus station?	**Gdzie jest dworzec autobusowy?**
	gdj'yeh yehst <u>dvoh</u> • zhehts
	ahw • toh • boo • <u>soh</u> • vyh
Is it far from here?	**Czy to daleko stąd?**
	chyh toh dah • <u>leh</u> • koh stohnt
How do I get to…?	**Jak dojechać do…?**
	yahk doh • <u>yeh</u> • hahch' doh…
Does this bus stop at…?	**Czy ten autobus zatrzymuje się w…?**
	chyh tehn ahw • <u>toh</u> • boos
	zah • tshyh • <u>moo</u> • yeh sh'yeh v…
Could you tell me when to get off?	**Czy może mi pan powiedzieć, kiedy wysiąść?**
	chyh <u>moh</u> • zhe mee pahn
	poh • <u>vyeh</u> • dj'yehch' <u>kyeh</u> • dyh
	<u>vyh</u> • sh'on'sh'ch'
Do I have to change buses?	**Czy muszę się przesiadać?**
	chyh <u>moo</u> • sheh sh'yeh
	psheh • <u>sh'yah</u> • dahch'
Stop here, please!	**Proszę się zatrzymać!**
	<u>proh</u> • sheh sh'yeh zaht • <u>shyh</u> • mahch'

For Tickets, see page 45.

ⓘ

Bus service in Poland is extensive. **PKS (Przedsiębiorstwo Komunikacji Samochodowej)** offers the widest range of routes; **Polski Express** also has numerous national routes. You can buy tickets for **PKS** buses at the bus station ticket office or from the driver. Tickets for **Polski Express** buses can be bought at bus stations or at special ticket offices in towns.

👁

YOU MAY SEE...

PRZYSTANEK AUTOBUSOWY	bus stop
OTWIERANIE DRZWI PRZYCISKIEM	press to open door
SKASUJ BILET	validate your ticket
HAMULEC BEZPIECZEŃSTWA	emergency brake
KASOWNIK	validation machine
WYJŚCIE AWARYJNE	emergency exit

SUBWAY

Where's the nearest metro [underground] station? **Gdzie jest najbliższa stacja metra?** *gdj'yeh yehst nahy • bleesh • shah stahts • yah meht • rah*

Where can I find a metro map? **Gdzie mogę znaleźć mapę metra?** *gdj'yeh moh • geh znah • lesh'ch' mah • peh meht • rah*

Which metro goes in the direction of...?	**Które metro jedzie w stronę...?** _ktoo • reh <u>meht</u> • roh <u>yeh</u> • dj'yeh fstroh • neh..._
Do I have to transfer [change]?	**Czy muszę się przesiadać?** _chyh <u>moo</u> • sheh sh'yeh psheh • <u>sh'yah</u> • dahch'_
Is this the metro / train to...?	**Czy to metro jedzie do...?** _chyh toh <u>meht</u> • roh yeh • dj'yeh doh..._
Where are we?	**Gdzie jesteśmy?** _gdj'yeh yehs • <u>tehsh'</u> • myh_

i

Tickets for the metro and trams should be bought
before boarding from kiosks or local shops. On boarding you
must validate your ticket in a **kasownik** (validation machine).
Unvalidated tickets result in an on-the-spot fine. Different
types of tickets are used in different cities, but usually single-
trip tickets and multiple-trip travelcards are available. In some
cities electronic cards are available as well.

BOAT & FERRY

When is the ferry to...?	**Kiedy odpływa prom do...?** _<u>kyeh</u> • dyh oht • <u>pwyh</u> • vah prohm doh..._
Can I take my car?	**Czy mogę zabrać na pokład mój samochód?** _chyh <u>moh</u> • geh <u>zahb</u> • rahch' nah <u>pohk</u> • wahd mooy sah • <u>moh</u> • hoot_
What time is the next sailing?	**O której jest następny rejs?** _oh <u>ktoo</u> • rehy yehst nahs • <u>tehm</u> • pnyh reyhs_

Can I book a seat/ cabin?	**Chciałbym** m/ **Chciałabym** f **zarezerwować miejsce siedzące/ kabinę.**
	hch'yahw • byhm/hch'yah • wah • byhm zah • reh • zehr • <u>voh</u> • vach' <u>myehys</u> • tsehsh'yeh • <u>dzohn</u> • tse/ kah • <u>bee</u> • neh
How long is the crossing?	**Jak długo trwa przeprawa?**
	yahk <u>dwoo</u> • goh trfah psheh • <u>prah</u> • vah

For Weather, see page 41.

YOU MAY SEE...

ŁODZIE RATUNKOWE	life boats
KAPOKI	life jackets
POKŁAD	deck

Regular ferry services to and from Denmark and Sweden operate from Świnoujście, Gdańsk and Gdynia. There are several ferry operators who offer various cruises on the Baltic Sea on different days of the week.

TAXI

Where can I get a taxi?	**Gdzie mogę złapać taksówkę?**
	gdj'yeh <u>moh</u> • geh <u>zwah</u> • pahch' tahk • <u>soof</u> • keh

I'd like a taxi now/for tomorrow at…	**Chciałbym** *m*/**Chciałabym** *f* **zamówić taksówkę na jak najszybciej/na jutro na godzinę…**
	hch'yahw • byhm/hch'yah • wah • byhm zah • moo • veech' tahk • soof • keh nah yahk nahy • shyhp • ch'yehy/nah yoot • roh nah goh • dj'ee • neh…
The pick-up address is…	**Proszę mnie odebrać z…**
	proh • sheh mn'yeh oh • dehb • rahch' z…
I'm going to…	**Proszę…**
	proh • sheh…
this address	**pod ten adres**
	poht tehn ahd • rehs
the airport	**na lotnisko**
	nah loht • n'ees • koh
the train station	**na dworzec kolejowy**
	nah dvoh • zhehts koh • leh • yoh • vyh
How much?	**Ile płacę?**
	ee • leh pwah • tseh
I'm late.	**Jestem spóźniony** *m*/**spóźniona** *f.*
	yehs • tehm spoozh' • n'yoh • nyh/ spoozh' • n'yoh • nah

Can you drive faster/ slower?	**Mógłby pan jechać szybciej/wolniej?**
	moogw • byh pahn _yeh_ • hahch' _shyhp_ • ch'yehy/_vohl_ • n'yey
Stop/Wait here, please.	**Proszę się tu zatrzymać/tu zaczekać.**
	proh • sheh sh'yeh too zaht • _shyh_ • mahch'/too zah • _cheh_ • kahch'
You said it would cost...	**Mówił pan, że to będzie kosztowało...**
	moo • veew pahn zheh toh _behn'_ • dj'yeh kohsh • toh • _vah_ • woh...
Keep the change.	**Proszę zatrzymać resztę.**
	proh • sheh zah • _tshyh_ • mahch' _rehsh_ • teh

YOU MAY HEAR...

Dokąd jedziemy?	Where to?
doh • kohnt yeh • _dj'yeh_ • myh	
Jaki adres?	What's the address?
yah • kee _ahd_ • rehs	

Schedule a taxi pick up by calling a local company; check the phone book for listings. You may be able to hail a taxi on the street but make sure it displays a recognized taxi company name and that the meter is started. A table of fares should be displayed in the taxi. Fares are higher on Sundays, public holidays and at night. Be careful about taking a taxi to city suburbs as it may mean entering another fare zone. Most taxis take cash only. It is not customary to tip taxi drivers.

BICYCLE & MOTORBIKE

I'd like to rent…	**Chciałbym** *m*/**Chciałabym** *f* **wynająć…** *hch'yahw • byhm/hch'yah • wah • byhm* *vyh • nah • yohn'ch'…*
a bicycle	**rower** *roh • vehr*
a moped	**motorower** *moh • toh • roh • vehr*
a motorcycle	**motor** *moh • tohr*
How much per day/ week?	**Ile kosztuje wynajęcie na dzień/ tydzień?** *ee • leh kohsh • too • yeh* *vyh • nah • yehn' • ch'yeh nah dj'yehn'/* *tyh • dj'yehn'*
Can I have a helmet/ lock?	**Mogę prosić kask/blokadę?** *moh • geh proh • sh'eech' kahsk/* *bloh • kah • deh*

CAR HIRE

Where can I rent a car?	**Gdzie mogę wynająć samochód?** *gdj'yeh moh • geh vyh • nah • yohn'ch'* *sah • moh • hoot*
I'd like to rent…	**Chcę wynająć…** *htseh vyh • nah • yohn'ch'…*
an automatic/ a manual	**samochód z automatyczną/ręczną skrzynią biegów** *sah • moh • hoot z* *ahw • toh • mah • tyhch • nohm/* *rehnch • nohm skshyh • n'yohm byeh • goof*

a car with air conditioning	**samochód z klimatyzacją** *sah • moh • hoot* *sklee • mah • tyh • zahts • yohm*
a car seat	**fotelik dziecięcy** *foh • teh • leek dj'yeh • ch'yehn • tsyh*

YOU MAY HEAR...

Poproszę prawo jazdy.
poh • proh • sheh prah • voh yah • zdyh

Your driver's license, please.

Poproszę paszport.
poh • proh • sheh pahsh • pohrt

Your passport, please.

Proszę tutaj podpisać.
proh • sheh too • tahy poht • pee • sahch'

Please sign here.

Metta le iniziali/Firmi qui.
meht • tah leh ee • nee • tsyah • lee/
feer • mee kwee

Initial/Sign here.

How much...?	**Ile to kosztuje...?** *ee • leh toh kohsh • too • yeh...*
per day/week	**za dzień/tydzień** *zah dj'yehn'/tyh • dj'yehn'*
per kilometer	**za kilometr** *zah kee • loh • mehtr*
for unlimited mileage	**bez limitu kilometrów** *behs lee • mee • too kee • loh • meht • roof*
with insurance	**z ubezpieczeniem** *zoo • behs • pyeh • cheh • n'yehm*
Are there any discounts?	**Czy są jakieś zniżki?** *chyh sohm yah • kyehsh' zn'eezh • kee*

FUEL STATION

Where's the next gas [petrol] station?	**Gdzie jest najbliższa stacja benzynowa?**
	gdj'yeh yehst nahy • <u>bleesh</u> • shah stah • tsyah behn • zyh • <u>noh</u> • vah
Fill it up, please.	**Do pełna, proszę.**
	doh <u>pehw</u> • nah proh • sheh
…liters, please.	**…litrów, proszę.**
	…<u>leet</u> • roof <u>proh</u> • sheh
I'll pay in cash/ by credit card.	**Zapłacę gotówką/kartą kredytową.**
	zap • <u>wah</u> • tseh goh • <u>toof</u> • kohm/ <u>kahr</u> • tohm kreh • dyh • <u>toh</u> • vohm

For Numbers, see page 20.

YOU MAY SEE…

Pb 95	regular
Pb 98	premium [super]
ON	diesel
LPG	autogas

ASKING DIRECTIONS

Is this the right road to…?	**Czy to właściwa droga do…?**
	chyh toh vwahsh' • <u>ch'ee</u> • vah <u>droh</u> • gah doh…
How far is it to…?	**Jak daleko jest stąd do…?**
	yahk dah • <u>leh</u> • koh yehst stohnt doh…
Where's…?	**Gdzie jest…?**
	gdj'yeh yehst…
…Street	**ulica…**
	oo • <u>lee</u> • tsah…

this address	**ten adres**
	tehn <u>ahd</u> • rehs
the highway	**autostrada**
[motorway]	*ahw • toh • <u>strah</u> • dah*
Can you show me	**Czy może mi pan pokazać na mapie?**
on the map?	*chyh <u>moh</u> • zheh mee pahn*
	poh • <u>kah</u> • zahch' nah <u>mah</u> • pyeh
I'm lost.	**Zgubiłem** *m*/**Zgubiłam** *f* **się.**
	zgoo • <u>bee</u> • wehm/zgoo • <u>bee</u> • wahm

YOU MAY HEAR...

Proszę jechać...	You should go...
<u>proh</u> • sheh <u>yeh</u> • hahch'...	
prosto	straight
<u>prohs</u> • toh	
w lewo	left
v<u>leh</u> • voh	
w prawo	right
f<u>prah</u> • voh	
na północ/południe	north/south
nah <u>poow</u> • nohts/ poh • <u>wood</u> • n'yeh	
na wschód/zachód	east/west
na fs • hoot/<u>zah</u> • hoot	
To jest...	It's...
toh yehst...	
na rogu/za rogiem	on/around the
nah <u>roh</u> • goo/zah <u>roh</u> • gyehm	corner
naprzeciwko...	opposite...
nah psheh • <u>ch'eef</u> • koh...	
za...	behind...
zah...	
przy...	next to...
pshyh...	

YOU MAY SEE...

	DROGA JEDNOKIERUNKOWA	one way
	DROGA Z PIERWSZEŃSTWEM	right of way
	PRZEJŚCIE DLA PIESZYCH	pedestrian crossing
	STOP	stop
	ZAKAZ PARKOWANIA	no parking
	ZAKAZ WJAZDU	no entry
	ZAKAZ WYPRZEDZANIA	passing prohibited
	ZAKAZ ZAWRACANIA	no U-turn

PARKING

Can I park here?	**Czy mogę tu zaparkować?**
	chyh <u>moh</u> • geh too zah • pahr • <u>koh</u> • vahch'
Where is the nearest parking lot [car park]?	**Gdzie jest najbliższy parking?**
	gdj'yeh yehst nahy • <u>bleesh</u> • shyh pahr • keenk nahy • <u>bleesh</u> • shyh pahr • keenk
How much...?	**Ile kosztuje...?**
	<u>ee</u> • leh kohsh • <u>too</u> • yeh...
per hour	**godzina**
	goh • <u>dj'ee</u> • nah

per day	**dzień**
	dj'yehn'
for overnight	**zostawienie samochodu na noc**
	zohs • tah • vyeh • n'yeh
	sah • moh • hoh • doo nah nohts

BREAKDOWN & REPAIR

My car broke down/ won't start.	**Mój samochód się zepsuł/nie chce zapalić.**
	mooy sah • moh • hoot sh'yeh zehp • soow/ n'yeh htsehzah • pah • leech'
Can you fix it (today)?	**Możecie to naprawić (dzisiaj)?**
	moh • zheh • ch'yeh toh nahp • rah • veech' (dj'ee • sh'yahy)
When can I pick up the car?	**Kiedy mogę odebrać samochód?**
	kyeh • dyh moh • geh oh • dehb • rahch' sah • moh • hoot
How much?	**Ile to kosztuje?**
	ee • leh toh kohsh • too • yeh

For Time, see page 24.

ACCIDENTS

There was an accident.	**Był wypadek.**
	byhw vyh • pah • dehk
Call an ambulance/ the police.	**Proszę wezwać karetkę/policję.**
	proh • sheh vehz • vahch' kah • reht • keh/ poh • leets • yeh

For Police, see page 140.

PLACES TO STAY

NEED TO KNOW

Can you recommend a hotel?	**Czy może mi pan polecić jakiś hotel?**
	chyh • moh • zheh mee pahn poh • leh • ch'eech' yah • keesh' hoh • tehl
I have a reservation.	**Mam rezerwację.**
	mahm reh • zehr • vahts • yeh
My name is…	**Nazywam się…**
	nah • zyh • vahm sh'yeh…
I would like a room…	**Chciałbym** m/**Chciałabym** f **wynająć pokój…**
	hch'yahw • byhm/hch'yah • wah • byhm vyh • nah • yohn'ch' poh • kooy…
for one/two	**jednoosobowy/dwuosobowy**
	yehd • noh • oh • soh • boh • vyh/ dvoo • oh • soh • boh • vyh
with a bathroom	**z łazienką**
	zwah • zh'yehn • kohm

with air conditioning	**z klimatyzacją** *sklee • mah • tyh • <u>zahts</u> • yohm*
For...	**Na...** *nah...*
tonight	**tę noc** *teh nohts*
two nights	**dwie noce** *dvyeh <u>noh</u> • tseh*
one week	**tydzień** *<u>tyh</u> • dj'yehn'*
How much?	**Ile to kosztuje?** *<u>ee</u> • leh toh kohsh • <u>too</u> • yeh*
Do you have anything cheaper?	**Czy są jakieś tańsze pokoje?** *chyh sohm <u>yah</u> • kyehsh' <u>tahn'</u> • sheh poh • <u>koh</u> • yeh*
When's check-out?	**O której mamy zwolnić pokój?** *oh <u>ktoo</u> • rehy <u>mah</u> • myh <u>zvohl</u> • n'eech' <u>poh</u> • kooy*
Can I leave this in the safe?	**Mogę zostawić to w sejfie?** *<u>moh</u> • geh zohs • <u>tah</u> • veech' toh <u>fsehy</u> • fyeh*
Can I leave my luggage?	**Mogę zostawić mój bagaż?** *<u>moh</u> • geh zohs • <u>tah</u> • veech' mooy <u>bah</u> • gahsh*
Can I have the bill/ a receipt?	**Czy mogę prosić o rachunek/ pokwitowanie?** *chyh <u>moh</u> • geh <u>pro</u> • sh'eech' oh rah • <u>hoo</u> • nehk/ poh • kfee • toh • <u>vah</u> • n'yeh*
I'll pay in cash/ by credit card.	**Zapłacę gotówką/kartą kredytową.** *zah • <u>pwah</u> • tseh goh • <u>toof</u> • kohm/ <u>kahr</u> • tohm kreh • dyh • <u>toh</u> • vohm*

SOMEWHERE TO STAY

Can you recommend a hotel?	**Czy może mi pan polecić jakiś hotel?** *chyh <u>moh</u> • zheh mee pahn* *poh • <u>leh</u> • ch'eech' yah • keess' <u>hoh</u> • tehl*
What is it near?	**Koło czego on się znajduje?** *<u>koh</u> • woh <u>cheh</u> • goh ohn sh'yeh* *znahy • <u>doo</u> • yeh*
How do I get there?	**Jak można się tam dostać?** *yahk <u>mohzh</u> • nah sh'yeh tahm* *<u>dohs</u> • tahch'*

> If you have nowhere to stay booked on arrival, visit the local **Informacja Turystyczna** (Tourist Information Office) for recommendations on places to stay. These are usually located in the city center and/or near the train station.

AT THE HOTEL

I have a reservation.	**Mam rezerwację.** *mahm reh • zehr • <u>vahts</u> • yeh*
My name is...	**Nazywam się...** *nah • <u>zyh</u> • vahm sh'yeh...*
I would like a room...	**Chciałbym** m/**Chciałabym** f **wynająć pokój...** *hch'yahw • byhm/<u>hch'yah</u> • wah • byhm* *vyh • <u>nah</u> • yohn'ch' <u>poh</u> • kooy...*
with a bathroom	**z łazienką** *zwah • <u>zh'yehn</u> • kohm*

with air	**z klimatyzacją**
conditioning	*sklee • mah • tyh • <u>zahts</u> • yohm*
for smokers/	**dla palących/niepalących**
non-smokers	*dla pah • <u>lohn</u> • tsyhh/*
	n'yeh • pah • <u>lohn</u> • tsyhh
For…	**Na…**
	nah…
tonight	**tę noc**
	teh nohts
two nights	**dwie noce**
	dvyeh <u>noh</u> • tseh

(i)

Apart from the usual hotel accomodations on offer, there are many other options as to where to lay your head when in Poland. Note that in smaller towns you will mainly find lower class hotels. Other accomodations options include: Hostels: these are inexpensive, and usually offer both private and dormitory-style rooms.
Domy Turysty (guest houses): these are ideal for budget travelers and are run by the **PTTK** (Polish Tourist Country Lovers' Society) who also run **schroniska górskie** (mountain hostels). You'll find these mainly in countryside locations. Alternatively, there are many **pensjonaty** (boarding houses) and **pokoje gościnne** (rooms in private houses) available to rent in big towns and resorts, some of which can be found and booked online. In some towns you can book a room through a tourist agency, such as **Biuro Kwater Prywatnych** or **Agencja Promocji Miasta**. Note that most **pensjonaty** provide meals and/or cooking facilities. They can accommodate fewer guests than hotels but provide a friendly and cozy atmosphere.

one week	**tydzień**
	tyh • dj'yehn'
Does the hotel	**Czy jest u państwa...?**
have...?	*chyh yehst oo <u>pahn's</u> • tfah...*
a computer	**komputer dla gości**
for guests	*kohm • <u>poo</u> • tehr dlah <u>gohsh'</u> • ch'ee*
an elevator [a lift]	**winda**
	<u>veen</u> • dah
(wireless) internet	**(bezprzewodowy) internet**
service	*(behs • psheh • voh • <u>doh</u> • vyh)*
	een • <u>tehr</u> • neht
room service	**room service**
	room <u>sehr</u> • vees
a pool	**basen**
	<u>bah</u> • sehn
a gym	**siłownia**
	sh'ee • <u>wohv</u> • n'yah
Could I have...?	**Czy mógłbym** *m*/**mogłabym** *f* **dostać...?**
	chyh <u>moogw</u> • byhm/<u>moh</u> • gwah • byhm
	dohs • tahch'...
an extra bed	**dodatkowe łóżko**
	doh • daht • <u>koh</u> • veh <u>woozh</u> • koh

YOU MAY HEAR...

**Poproszę pana paszport/
kartę kredytową.**
*poh • <u>proh</u> • sheh pah • nah <u>pahsh</u> • pohrt/
<u>kahr</u> • teh kreh • dyh • <u>toh</u> • vohm*

Your passport/
credit card,
please.

Proszę wypełnić ten formularz.
*<u>proh</u> • sheh vyh • <u>pehw</u> • n'eech' tehn
fohr • <u>moo</u> • lahsh*

Please fill out
this form.

Proszę tutaj podpisać.
proh • sheh too • tahy poht • pee • sahch'

Please sign here.

a cot	**rozkładane łóżko**
	rohs•kwah•dah•neh woozh•koh
a crib [child's cot]	**łóżeczko dziecięce**
	woo•zhehch•koh dj'yeh•ch'yehn•tseh

For Numbers, see page 20.

PRICE

How much per night/ week?	**Jaka jest cena za noc/tydzień?**
	yah•kah yehst tseh•nah zah nohts/ tyh•dj'yehn'
Does the price include breakfast/ sales tax [VAT]?	**Czy w cenę wliczone jest śniadanie/ wliczony jest VAT?**
	chyh f tseh•neh vlee•choh•neh yehst sh'n'yah•dah•n'yeh/vlee•choh•nyh yehst vaht

PREFERENCES

Can I see the room?	**Czy mógłbym *m*/mogłabym *f* zobaczyć ten pokój?**
	chyh moogw•byhm/moh•gwah•byhm zoh•bah•chyhch' tehn poh•kooy
I'd like a...room.	**Chciałbym *m*/Chciałabym *f* ... pokój.**
	hch'yahw•byhm/hch'yah•wah•byhm ... poh•kooy
better	**lepszy**
	lehp•shyh
bigger	**większy**
	vyenh•kshyh
cheaper	**tańszy**
	tahn'•shyh
quieter	**cichszy**
	ch'ee•hshyh

I'll take it.	**Wezmę ten pokój**
	vehz • meh tehn <u>poh</u> • kooy
No, I won't take it.	**Nie, nie chcę tego pokoju**
	n'yeh, n'yeh htseh <u>teh</u> • goh poh • <u>koh</u> • yoo

QUESTIONS

Where is/are...?	**Gdzie jest/są...?**
	gdj'eh yehst/sohm...
the bar	**bar**
	bahr
the bathrooms	**toaleta**
[toilets]	*toh • ah • <u>leh</u> • tah*
the elevators [lifts]	**windy**
	<u>veen</u> • dyh
Can I have...?	**Czy mogę dostać...?**
	chyh <u>moh</u> • geh <u>dohs</u> • tahch'...
a blanket	**koc**
	kohts
an iron	**żelazko**
	zheh • <u>lahs</u> • koh
a pillow	**poduszkę**
	poh • <u>doosh</u> • keh
soap	**mydło**
	<u>myhd</u> • woh
toilet paper	**papier toaletowy**
	<u>pah</u> • pyehr toh • ah • leh • <u>toh</u> • vyh
a towel	**ręcznik**
	<u>rehnch</u> • n'eek
Do you have an	**Czy ma pan do tego przejściówkę?**
	chyh mah pahn
adapter for this?	*doh <u>teh</u> • goh pshehysh' • <u>ch'yoof</u> • keh*
How do I turn on the	**Jak się włącza światło?**
lights?	*yahk sh'yeh <u>vwohn</u> • chah*
	<u>sh'fyaht</u> • woh

👁

YOU MAY SEE...

PCHAĆ/CIĄGNĄĆ	push/pull
TOALETA	bathrooms [toilet]
PRYSZNICE	showers
WINDY	elevators [lifts]
SCHODY	stairs
PRALNIA	laundry
NIE PRZESZKADZAĆ	do not disturb
DRZWI PRZECIWPOŻAROWE	fire door
WYJŚCIE (AWARYJNE)	(emergency) exit
BUDZENIE TELEFONICZNE	wake-up call

Please wake me at...	**Proszę mnie obudzić o...**
	proh • sheh mn'yeh
	oh • boo • dj'eech' oh...
Could I have my things from the safe?	**Mógłbym** _m_/**Mogłabym** _f_ **wyjąć moje rzeczy z sejfu?**
	moogw • byhm/moh • gwah • byhm
	vyh • yohn'ch' moh • yeh zheh • chyh
	ssehy • foo
Can I leave this in the safe?	**Czy mogę to zostawić w sejfie?**
	chyh moh • geh toh zohs • tah • veech'
	fsehy • fyeh
Is there any mail [post] for me?	**Czy są jakieś listy do mnie?**
	chyh sohm yah • kyehsh' lees • tyh doh
	mn'yeh
Are there any messages for me?	**Czy są dla mnie jakieś wiadomości?**
	chyh sohm dlah mn'yeh yah • kyehsh'
	vyah • doh • mosh' • ch'ee

Do you have a laundry service?	**Czy świadczycie Państwo usługę prania odzieży?**
	chyh sh'vyaht • chyh • ch'yeh pahn' • stvoh oo • swoo • geh prah • n'yah oh • dj'yeh • zhy

PROBLEMS

There's a problem.	**Mam problem.**
	mahm prohb • lehm
I've lost my key.	**Zgubiłem** *m*/**Zgubiłam** *f* **klucz.**
	zgoo • bee • wehm/zgoo • bee • wahm klooch
I've locked the key in my room.	**Zatrzasnąłem** *m*/**Zatrzasnęłam** *f* **klucz w pokoju.**
	zah • tshahs • noh • wehm/ zah • tshahs • neh • wahm klooch fpoh • koh • yoo
The room is dirty.	**Pokój jest brudny.**
	poh • kooy yehst brood • nyh
There are bugs in my room.	**W moim pokoju są robaki.**
	vmoh • eem poh • koh • yoo sohm roh • bah • kee
There is no hot water/ toilet paper.	**Nie ma ciepłej wody/papieru toaletowego.**
	n'yeh mah ch'yehp • wehy voh • dyh/pah • pyeh • roo toh • ah • leh • toh • veh • goh
...doesn't work.	**...nie działa.**
	...n'yeh dj'yah • wah
Can you fix...?	**Mogą państwo naprawić...?**
	moh • gohm pahn's • tfoh nahp • rah • veech'...
the air conditioning	**klimatyzację**
	klee • mah • tyh • zahts • yeh

the fan	**wentylator**
	vehn • tyh • lah • tohr
he heat [heating]	**ogrzewanie**
	oh • gzheh • vah • n'yeh
the light	**światło**
	sh'fyaht • woh
the TV	**telewizor**
	teh • leh • vee • zohr
the toilet	**toaletę**
	toh • ah • leh • teh
I'd like another room.	**Chciałbym** *m*/**Chciałabym** *f* **zmienić pokój.**
	hch'yahw • byh /hch'yah • wah • byhm zmyeh • n'eech' poh • kooy

---

Poland's electricity is 230 volts. You may need a
converter and/or an adapter for your appliance.

(i)

CHECKING OUT

When's check-out?	**O której mam zwolnić pokój?**
	oh ktoo • rehy mahm zvohl • n'eech' poh • kooy
Could I leave my bags here until…?	**Czy mogę zostawić tutaj bagaż do…?**
	chyh moh • geh zohs • tah • veech' too • tahy bah • gahsh doh…
Can I have an itemized bill/ a receipt?	**Czy mogę dostać szczegółowy rachunek/pokwitowanie?**
	chyh moh • geh dohs • tach' shcheh • goo • woh • vyh ra • hoo • nehk/ poh • kfee • toh • vah • n'yeh

I think there's a mistake in this bill.	**Na tym rachunku chyba jest błąd.** *nah tyhm rah•hoon•koo hyh•bah yehst blohnt*
I'll pay in cash/by credit card.	**Zapłacę gotówką/kartą kredytową.** *zah•pwah•tseh goh•toof•kohm/ kahr•tohm kreh•dyh•toh•vohm*

RENTING

I've reserved an apartment/a room.	**Zarezerwowałem m/Zarezerwowałam f mieszkanie/pokój.** *zah•reh•zehr•voh•vah•wehm/ zah•reh•zehr•voh•vah•lahm myehsh•kah•n'yeh/poh•kooy*
My name is...	**Nazywam się...** *nah•zyh•vahm sh'yeh...*
Can I have the key/ key card?	**Czy mogę dostać klucz/kartę?** *chyh moh•geh dohs•tahch' klooch/ kahr•teh*
Are there...?	**Czy są...?** *chyh sohm...*
dishes [crockery]	**naczynia** *nah•chyh•n'yah*
pillows	**poduszki** *poh•doosh•kee*
Are there...?	**Czy są/jest...?** *chyh sohm/yehst...*
sheets	**pościel** *pohsh'•ch'yehl*
towels	**ręczniki** *rehnch•n'ee•kee*
kitchen utensils	**sztućce** *shtooch'•tseh*

When do I put out the bins?	**Kiedy wywożą śmieci?**
	kyeh • dyh vyh • voh • zhohm sh'myeh • ch'ee
…is broken.	**…nie działa.**
	…n'yeh dj'yah • wah
How does…work?	**Jak obsługiwać…?**
	yahk ohp • swoo • gee • vahch'…
the air conditioner	**klimatyzator**
	klee • mah • tyh • zah • tohr
the dishwasher	**zmywarkę**
	zmyh • vahr • keh
the freezer	**zamrażarkę**
	zahm • rah • zhahr • keh
the heater	**grzejnik**
	gzhehy • n'eek
the microwave	**mikrofalówkę**
	mee • kroh • fah • loof • keh
the refrigerator	**lodówkę**
	loh • doof • keh
the stove	**kuchenkę**
	koo • hehn • keh
the washing machine	**pralkę**
	prahl • keh

DOMESTIC ITEMS

Could I have…?	**Czy mogę dostać…?**
	chyh moh • geh dohs • tahch'…
an adapter	**przejściówkę**
	pshehysh' • ch'yoof • keh
aluminum [kitchen] foil	**folię aluminiową**
	fohl • yeh ah • loo • mee • n'yoh • vohm
a bottle opener	**otwieracz do butelek**
	oht • fyeh • rahch doh boo • teh • lehk

a broom	**zmiotkę**
	zmyoht • keh
a can opener	**otwieracz do puszek**
	oht • _fyeh_ • rahch doh _poo_ • shehk
a corkscrew	**korkociąg**
	kohr • _koh_ • ch'yohnk
bin bags	**worki na śmieci**
	vohr • kee nah _sh'myeh_ • ch'ee
matches	**zapałki**
	zah • _pahw_ • kee
a mop	**mopa**
	moh • pah
napkins	**serwetki**
	sehr • _veht_ • kee
paper towels	**papierowe ręczniki**
	pah • pyeh • _roh_ • veh rehnch • _n'ee_ • kee
plastic wrap	**folię do żywności**
[cling film]	_fohl_ • yeh doh zhyhv • _nohsh'_ • ch'ee
a plunger	**przepychacz**
	psheh • _pyh_ • hahch
scissors	**nożyczki**
	noh • _zhyhch_ • kee
a vacuum cleaner	**odkurzacz**
	oht • _koo_ • zhahch

AT THE HOSTEL

Do you have any places left for tonight?	**Czy są na dzisiaj wolne miejsca?**
	chyh sohm nah _dj'ee_ • sh'yahy _vohl_ • neh _myehys_ • tsah
I would like a single/double room.	**Chciałbym** m**/Chciałabym** f **pokój jednoosobowy/dwuosobowy.**
	hch'yahw • byhm/_hch'yah_ • wah • byhm _poh_ • kooy yehd • noh • oh • soh • _boh_ • vyh/ dvoo • oh • soh • _boh_ • vyh

Could I have...?	**Czy mógłbym** m/**mogłabym** f **dostać...?**
	chyh moogw • byhm/moh • gwah • byhm dohs • tahch'...
a blanket	**koc**
	kohts
a pillow	**poduszkę**
	poh • doosh • keh
sheets	**pościel**
	pohsh' • ch'yehl
a towel	**ręcznik**
	rehnch • n'eek
Do you have lockers?	**Czy są tu zamykane schowki?**
	Chyh sohm too zah • myh • kah • neh s • hohv • kee
When do you lock up?	**O której zamykają państwo drzwi?**
	oh ktoo • rehy zah • myh • kah • yohm pahn' • stfoh djvee
Do I need a membership card?	**Czy potrzebuję karty członkowskiej?**
	Chyh poh • tsheh • boo • yeh kahr • tyh chwohn • kohv • skyehy
Here's my international student card.	**Oto moja międzynarodowa karta studencka.**
	oh • toh moh • yah myehn • dzyh • nah • roh • doh • vah kahr • tah stoo • dehn • tskah

GOING CAMPING

Can I camp here?	**Mogę tutaj rozbić namiot?**
	moh • geh too • tahy rohz • beech' nah • myoht
Is there a campsite near here?	**Czy jest tu w pobliżu jakiś camping?**
	chyh yehst too fpoh • blee • zhoo yah • keesh' kehm • peenk

What is the charge per day/week?	**Ile kosztuje jedna noc/tydzień?**
	ee • leh kohsh • too • yeh yehd • nah nohts/ tyh • dj'yehn'
Are there …?	**Czy są/jest?**
	chyh sohm/yehst
electric outlets	**gniazdka elektryczne**
	gn'yahs • tkah eh • lehk • tryh • chneh
showers	**prysznice**
	pryhsh • n'ee • tseh
laundry facilities	**pralnia**
	prahl • n'yah
tents for hire	**namioty do wynajęcia**
	nah • myoh • tyh doh vyh • nah • yehn • ch'yah
Where can I empty the chemical toilet?	**Gdzie mogę opróżnić chemiczną toaletę?**
	gd'yeh moh • geh ohp • roozh • n'eech' heh • meech • nohm toh • ah • leh • teh

For In the Kitchen, see page 186.

YOU MAY SEE… 👁

WODA PITNA	potable water
ZAKAZ BIWAKOWANIA	no camping
ZAKAZ ROZPALANIA GRILLA I OGNISK	no fires or barbecues
ZAKAZ WSTĘPU	no trespassing

COMMUNICATIONS

NEED TO KNOW

Is there an internet cafe nearby?	**Czy jest tu gdzieś w pobliżu kafejka internetowa?** *chyh yehst too gj'yehsh' fpoh • blee • zhoo kah • fehy • kah een • tehr • neh • toh • vah*
Can I access the internet/check e-mails?	**Można tu skorzystać z internetu/ sprawdzić pocztę?** *mohzh • nah too skoh • zhyhs • tahch' zeen • tehr • neh • too/sprahw • dj'eech' pohch • teh*
How much per hour/ half hour?	**Ile kosztuje godzina/pół godziny?** *ee • leh koh • shtoo • yeh goh • dj'ee • nah/poow goh • dj'ee • nyh*
How do I connect/ log on?	**Jak mam się połączyć z siecią/ zalogować?** *yahk mahm sh'yeh poh • wohn • chyhch' ssh'yeh • ch'yohm/ zah • loh • goh • vahch'*
Is there a password?	**Jest jakieś hasło?** *yehst yah • kyehsh' hahs • woh*
A phone card, please.	**Poproszę kartę telefoniczną.** *poh • proh • sheh kahr • teh teh • leh • foh • n'eech • nohm*
Can I have your phone number?	**Czy mogę prosić pana numer telefonu?** *chyh moh • geh proh • sh'eech' pah • nah noo • mehr teh • leh • foh • noo*

Here's my number/ e-mail address.	**To jest mój numer telefonu/adres e-mail.**
	toh yehst mooy noo • mehr teh • leh • foh • noo/ahd • rehs ee • mehyl
Can you call me please/e-mail me?	**Czy mógłby pan do mnie zadzwonić/ napisać do mnie maila?**
	chyh moogw • byh pahn doh mn'yeh zahdz • voh • n'eech'/nah • pee • sahch' doh mn'yeh mehy • lah
Hello. This is...	**Dzień dobry. Mówi...**
	dj'yehn' dohb • ryh moo • vee...
I'd like to speak to...	**Chciałbym** m/**Chciałabym** f **rozmawiać z...**
	hch'yahw • byhm/hch'yah • wah • byhm rohz • mah • vyahch' z...
Could you repeat that?	**Może pan powtórzyć?**
	moh • zheh pahn pohf • too • zhyhch'
I'll call back later.	**Zadzwonię później.**
	zahdz • voh • n'yeh poozh' • n'yehy
Bye.	**Do widzenia.**
	doh vee • dzeh • n'yah
Where's the post office?	**Gdzie jest poczta?**
	Gdj'yeh yehst pohch • tah
I'd like to send this to...	**Chciałbym** m/**Chciałabym** f **to wysłać do...**
	hch'yahw • byhm/hch'yah • wah • byhm toh vyhs • wahch' doh...

ONLINE

Is there an internet cafe nearby?	**Czy jest tu gdzieś w pobliżu kafejka internetowa?**
	chyh yehst too gdj'yehsh' fpoh • blee • zhoo kah • fehy • kah een • tehr • neh • toh • vah
Does it have wireless internet?	**Jest tam bezprzewodowy internet?**
	yehst tahm behs • psheh • voh • doh • vyh een • tehr • neht
What is the WiFi password?	**Jakie jest hasło do sieci WiFi?**
	yah • kyeh yehst hahs • woh doh sh'yeh • ch'ee vee phee
Is the WiFi free?	**Czy korzystanie z WiFi jest bezpłatne?**
	chyh koh • zhyh • stah • nyeh z vee phee yehst behs • pwaht • neh
Do you have bluetooth?	**masz funkcję Bluetooth?**
	mahsh foon • ktsyeh bloo • tooth
How do I turn the computer on/off?	**Jak włączyć/wyłączyć komputer?**
	yak vwohn • chyhch'/wyh • wohn • chyhch' kohm • poo • tehr
How much per hour/ half hour?	**Ile kosztuje godzina/pół godziny?**
	ee • leh kohsh • too • yeh goh • dj'ee • nah/ poow goh • dj'ee • nyh
Can I...?	**Mogę...?**
	moh • geh...
access the internet	**skorzystać z internetu**
	skoh • zhyhs • tahch' zeen • tehr • neh • too
check e-mail	**sprawdzić pocztę**
	sprahv • dj'eech' pohch • teh
print something	**coś wydrukować**
	tsohsh' vyh • droo • koh • vahch'
access Skype?	**używać Skype'a?**
	ooh • zhyh • vahch' skahy • pah

plug in/charge my laptop/iPhone/ iPad/BlackBerry?	**podłączyć/naładować laptopa/ iPhone'a/iPada/Blackberry?** *pohd • wohn • chyhch'/ nah • wah • doh • vach' lahp • toh • pah/ ahy • foh • nah/ahy • pah • dah/ blahk • beh • ryh*
How do I...?	**Jak mam się...?** *yahk mahm sh'yeh...*
connect/ disconnect	**połączyć z siecią/rozłączyć** *poh • wohn • chyhch' ssh'yeh • ch'yohm/ rohz • wohn • chyhch'*
log on/off	**zalogować/wylogować** *zah • loh • goh • vahch'/ wyh • loh • goh • vahch'*

YOU MAY SEE... 👁

ZAMKNIJ	close
USUŃ	delete
E-MAIL	e-mail
ZAKOŃCZ	exit
POMOC	help
KOMUNIKATOR	instant messenger
ZALOGUJ SIĘ	login
ANULUJ	cancel
OTWARTE	open
DRUKUJ	print
ZAPISZ	save
NAZWA UŻYTKOWNIKA	username
HASŁO	password
(BEZPRZEWODOWY) INTERNET	(wireless) internet

How do I type this symbol?	**Jak wpisać ten symbol?**
	yahk fpee • sahch' tehn syhm • bohl
What's your e-mail?	**Jaki jest pana adres e-mail?**
	yah • kee yehst pah • nah ahd • rehs ee • mehyl
My e-mail is…	**Mój e-mail to…**
	mooy ee • meyhl toh…
Do you have a scanner?	**Czy jest tu skaner?**
	Chyh yehst too skah • nehr

SOCIAL MEDIA

Are you on Facebook/Twitter?	**Masz konto na Facebooku/Twitterze?**
	mahsh kohn • toh nah fehys • boo • koo/ twee • teh • zheh
What's your username?	**Pod jaką nazwą masz konto?**
	pohd yah • kohm nahz • vohm mahsh kohn • toh
I'll add you as a friend.	**Dodam Cię do znajomych.**
	doh • dahm ch'yeh doh znah • yoh • myhh
I'll follow you on Twitter.	**Będę śledził/śledziła twoje wpisy na Twitterze.**
	behn • deh sh'leh • 'dj'eewh/ sh'leh • 'dj'ee • wah tfoh • yeh fpee • syh nah twee • teh • zheh
Are you following…?	**Czy śledzisz wpisy….?**
	chyh sh'leh • dj'eesh fpee • syh…
I'll put the pictures on Facebook/Twitter.	**Wrzucę zdjęcia na Facebooka/Twittera.**
	vzhoo • tseh zdyehn • chy'ahh nah fehys • boo • kah/twee • teh • rah
I'll tag you in the pictures.	**Zaznaczę cię na zdjęciach.**
	zah • znah • cheh ch'yeh nah zdyehn • chy'ahh

PHONE

A phone card, please.	**Poproszę kartę telefoniczną.** *poh • proh • sheh kahr • teh* *teh • leh • foh • n'eech • nohm*
How much?	**Ile to kosztuje?** *ee • leh toh kohsh • too • yeh*
My phone doesn't work here.	**Mój telefon tu nie działa.** *mooy teh • leh • fohn too n'yeh dj'yah • wah*
What's the country code for...?	**Jaki jest numer kierunkowy do...?** *yah • kee yehst noo • mehr* *kyeh • roon • koh • vyh doh...*
What's the number for Information?	**Jaki jest numer do informacji?** *yah • kee yehst noo • mehr doh* *een • fohr • mahts • yee*
I'd like the number for...	**Proszę o numer telefonu do...** *proh • sh'eh oh noo • mehr* *teh • leh • foh • noo doh...*
My phone doesn't work here.	**Mój telefon tu nie działa.** *mooy teh • leh • fohn too n'yeh dj'yah • wah*
What network are you on?	**W jakiej jesteś sieci?** *vyah • kyey yehs • tehsh' sh'yeh • ch'ee*
Is it 3G?	**Czy jest to sieć 3G?** *tchyh yehst toh shy'ech' tshyh gyeh*
I have run out of credit/minutes.	**Skończyła mi się karta.** *skohn' • chyh • wah mee sh'yeh kahr • tah*
Can I buy some credit?	**Czy mogę tu doładować kartę?** *tchyh moh • geh tooh* *doh • wah • doh • vahch' kahr • teh*
Do you have a phone charger?	**Czy ma Pan** m/**Pani** f **ładowarkę do** **telefonu?** *chyh mah pahn/ pahnee* *wah • doh • vahr • keh doh* *teh • leh • foh • noo*

Can I have your phone number?	**Czy mogę dostać twój numer telefonu?** chyh <u>moh</u> • geh <u>doh</u> • stahch' tfooy <u>noo</u> • mehr teh • leh • <u>foh</u> • noo
Here's my number.	**Oto mój numer telefonu.** <u>oh</u> • toh mooy <u>noo</u> • mehr teh • leh • <u>foh</u> • noo
Please call/text me.	**Zadzwoń do mnie/przyślij mi SMS.** <u>zah</u> • dzvohn' doh mnyeh/<u>pshyh</u> • sh'leey mee ehs • <u>ehm</u> • ehs
I'll call/text you.	**Zadzwonię do ciebie/wyślę ci SMS.** zah • <u>dzvoh</u> • n'yeh doh <u>ch'yeh</u> • byeh/ <u>vyh</u> • sh'leh ch'ee ehs • <u>ehm</u> • ehs

For Numbers, see page 20.

TELEPHONE ETIQUETTE

Hello. This is…	**Dzień dobry. Mówi…** dj'yen' <u>dohb</u> • ryh moo • vee…
I'd like to speak to…	**Chciałbym** m/**Chciałabym** f **rozmawiać z…** <u>hch'yahw</u> • byhm/<u>hch'yah</u> • wah • byhm rohz • <u>mah</u> • vyahch' z…
Extension…	**Wewnętrzny…** vehv • <u>nehntsh</u> • nyh…
Speak louder/more slowly, please.	**Proszę mówić głośniej/wolniej.** <u>proh</u> • sh'eh moo • veech' <u>gwohsh'</u> • n'yehy/ <u>vohl</u> • n'yehy
Could you repeat that?	**Mógłby pan powtórzyć?** <u>moogw</u> • byh pahn pohf • <u>too</u> • zhyhch'
I'll call back later.	**Zadzwonię później.** zahdz • <u>voh</u> • n'yeh <u>poozh'</u> • n'yehy
Bye.	**Do widzenia.** doh vee • <u>dzeh</u> • n'yah

Public phones are card operated. A local or international **karta telefoniczna** (phone card) can be purchased from kiosks or post offices. Be sure to break off the perforated corner before inserting the card into the phone.

YOU MAY HEAR...

Halo.
hah • loh
Hello.

Przepraszam, kto mówi?
psheh • prah • shahm ktoh moo • vee
Who's calling, please?

Proszę poczekać.
proh • sheh poh • cheh • kahch'
Please hold.

Przełączę pana.
psheh • wohn • cheh pah • nah
I'll put you through.

Nie może teraz podejść.
n'yeh moh • zheh teh • rahs poh • deysh'ch'
He/She can't come to the phone.

Coś przekazać?
tsohsh' psheh • kah • zahch'
Would you like to leave a message?

Czy może do pana oddzwonić?
chyh moh • zheh doh pah • nah ohd • dzvoh • n'eech'
Can he/she call you back?

Jaki jest pana numer telefonu?
yah • kee yehst pah • nah noo • mehr teh • leh • foh • noo
What's your number?

FAX

Can I send/receive a fax here?	**Czy mogę stąd wysłać/tu odebrać faks?**
	chyh moh•geh stohnt vyhs•wahch'/too oh•dehb•rahch' fahks
What's the fax number?	**Jaki jest numer faksu?**
	yah•kee yehst noo•mehr fahk•soo
Please fax this to…	**Proszę to przefaksować do…**
	proh•sheh toh psheh•fahk•soh•vahch' doh…

POST

Where's the post office/mailbox [postbox]?	**Gdzie jest poczta/skrzynka pocztowa?**
	gdj'yeh yehst pochh•tah/skshyhn•kah pohch•toh•vah
A stamp for this postcard/letter, please.	**Poproszę znaczek na tę pocztówkę/ten list.**
	poh•proh•sheh znah•chehk nah teh pohch•toof•keh/tehn leest
How much?	**Ile to kosztuje?**
	ee•leh toh kohsh•too•yeh

YOU MAY HEAR…

Proszę wypełnić deklarację celną.
proh•sheh vyh•pehw•n'eech' deh•klah•rahts•yeh tsehl•nohm

Please fill out the customs declaration form.

Jaka jest wartość przesyłki?
yah•kah yehst wahr•tohsh'ch' psheh•syhw•kee

What's the value of the package?

Co jest w środku?
tsoh yehst fsh'roht•koo

What's inside?

I want to send this package by airmail/express mail.	**Chcę wysłać tę paczkę pocztą lotniczą/priorytetem.**
	htseh vyhs • wahch' teh pahch • keh pohch • tohm loht • n'ee • chohm/pryoh • ryh • teh • tehm
A receipt, please.	**Poproszę paragon.**
	poh • proh • sheh pah • rah • gohn

> ⓘ
>
> **Poczta** (the post office) has locations throughout Poland. It handles mail and provides courier, phone and fax services. Stamps and postcards can be bought at the post office and at some kiosks. Mailboxes are red and display the logo **Poczta Polska**.

SIGHTSEEING

NEED TO KNOW

🎧

Where's the tourist information office?	**Gdzie jest biuro informacji turystycznej?**
	gdj'yeh yehst byoo • roh een • fohr • mah • tsyee too • ryhs • tyhch • nehy
What are the main points of interest?	**Co tu warto zobaczyć?**
	tsoh too vahr • toh zoh • bah • chyhch'
Are there tours in English?	**Czy są wycieczki po angielsku?**
	chyh sohm vyh • ch'yech • kee poh ahn • gyehl • skoo
Can I have a map/guide please?	**Czy mogę prosić mapę/przewodnik?**
	chyh moh • geh proh • sh'eech' mah • peh/psheh • vohd • n'eek

(i)

While visiting Poland, tourists can enjoy arts and culture throughout the year. Classical music enthusiasts should visit Chopin's birthplace, Żelazowa Wola, during the summer for free outdoor concerts. Historic Cracow features many art galleries and museums, including **Muzeum Narodowe** (National Museum) and **Muzeum Czartoryskich** (Cartoryski Museum). Warsaw, Poland's capital, is home to numerous renowned theaters and concert halls, as well as one of Europe's most beautiful city parks, **Łazienki Królewskie**. During August, the beach town of Sopot entertains music lovers with its International Pop Festival.

TOURIST INFORMATION

Do you have any information on…?	**Czy ma pan jakieś informacje o…?** *chyh mah pahn yah • kyehsh' een • fohr • mah • tsyeh oh…*
Can you recommend…?	**Czy może pan polecić…?** *chyh moh • zheh pahn poh • leh • ch'eech'…*
a bus tour	**wycieczkę autobusową** *vyh • ch'yehch • keh ahw • toh • boo • soh • wohm*
a boat trip	**rejs statkiem** *rehys staht • kyehm*
an excursion	**wycieczkę** *vyh • ch'yehch • keh*
a sightseeing tour	**wycieczkę po mieście** *vyh • ch'yehch • keh poh myehsh' • ch'yeh*

For Asking Directions, see page 64.

ⓘ

Most cities and large towns have a tourist information office. They are usually located in the center of town; some display the sign **IT (informacja turystyczna)**. Tourist information can also be obtained from **Orbis** and **PTTK** (Polish Tourist Organization) offices.

Most bookstores and tourist offices sell road, regional and local maps. Town maps are displayed on kiosks in major squares and streets and at tourist information offices.

ON TOUR

I'd like to go on the excursion to…	**Interesuje mnie wycieczka do…** *een • teh • reh • soo • yeh mn'yeh vyh • ch'yehch • kah doh…*
When's the next tour?	**Kiedy będzie następna wycieczka?** *kyeh • dyh behn • dj'yeh nahs • tehmp • nah vyh • ch'yech • kah*
Are there tours in English?	**Czy są wycieczki po angielsku?** *chyh sohm vyh • ch'yech • kee poh ahn • gyehl • skoo*
Is there an English guide book/audio guide?	**Czy jest przewodnik/audioprzewodnik w języku angielskim?** *chyh yehst pshe • vohd • n'eek/ ahwdyoh • pshe • vohd • n'eek vyehn • zyh • koo ahn • gyehl • skyhm*
What time do we leave/return?	**O której wyruszamy/wracamy?** *oh ktoo • rehy vyh • roo • shah • myh/ vrah • tsah • myh*
We'd like to see the…	**Chcielibyśmy zobaczyć…** *hch'yeh • lee • byhsh' • myh zoh • bah • chyhch'…*

Can we stop here…?	**Czy możemy się tu zatrzymać…?**
	chyh moh • zheh • myh sh'yeh too
	zaht • shyh • mahch'…
to take photos	**żeby zrobić zdjęcia**
	zheh • byh zroh • beech' zdyehn • ch'yah
to buy souvenirs	**żeby kupić pamiątki**
	zheh • byh koo • peech' pah • myohnt • kee
to use the	**żeby skorzystać z toalety**
restrooms [toilets]	*zheh • byh skoh • zhyhs • tahch'*
	stoh • ah • leh • tyh
Is it disabled-accessible?	**Czy jest dostęp dla niepełnosprawnych?**
	chyh yehst dohs • tehmp dlah
	n'yeh • pehw • noh • sprahv • nyhh

For Tickets, see page 45.

SEEING THE SIGHTS

Where's …?	**Gdzie jest/są…?**
	gdj'yeh yehst/sohm
the battleground	**pole bitwy**
	poh • leh beet • fyh
the botanical garden	**ogród botaniczny**
	oh • groot boh • tah • n'eech • nyh
the castle	**zamek**
	zah • mehk
the cathedral	**katedra**
	kah • teh • drah
the church	**kościół**
	kosh' • ch'yoow
the downtown area	**centrum**
	tsehn • troom
the fountain	**fontanna**
	fohn • tahn • nah
the library	**biblioteka**
	beeb • lyoh • teh • kah

the market	**bazar**
	bah • zahr
the monument	**pomnik**
	pohm • n'eek
the museum	**muzeum**
	moo • zeh • oom
the old town	**stare miasto**
	stah • reh myahs • toh
the opera house	**opera**
	oh • peh • rah
the palace	**pałac**
	pah • wahts
the park	**park**
	pahrk
the ruins	**ruiny**
	roo • ee • nyh
the shopping area	**centrum handlowe**
	tsehn • troom hahn • dloh • veh
the town square	**rynek**
	ryh • nehk
the town hall	**ratusz**
	rah • toosh
Can you show me on the map?	**Czy może mi pan pokazać na mapie?**
	chyh moh • zheh mee pahn poh • kah • zahch' nah mah • pyeh
It's…	**To jest…**
	toh yehst…
amazing	**niesamowite**
	n'yeh • sah • moh • vee • teh
beautiful	**piękne**
	pyehnk • neh
boring	**nudne**
	nood • neh
interesting	**interesujące**
	een • teh • reh • soo • yohn • tseh

magnificent	**wspaniałe**
	vspah • n'yah • weh
romantic	**romantyczne**
	roh • mahn • tyhch • neh
strange	**dziwne**
	dj'eev • neh
stunning	**olśniewające**
	ohl • sh'n'yeh • vah • yohn • tseh
terrible	**okropne**
	ohk • rohp • neh
ugly	**brzydkie**
	bzhyht • kyeh
I (don't) like it.	**(Nie) Podoba mi się to.**
	(n'yeh) poh • doh • bah mee sh'yeh toh

RELIGIOUS SITES

Where's…?	**Gdzie jest…?**
	gdj'yeh yehst
the cathedral	**katedra**
	kah • teh • drah
the Catholic/ Protestant church	**kościół katolicki/protestancki**
	kosh' • ch'yoow kah • toh • lee • tskee/ proh • tehs • tahn • tskee
the mosque	**meczet**
	meh • cheht
the shrine	**kapliczka**
	kah • pleech • kah
the synagogue	**synagoga**
	syh • nah • goh • gah
What time is mass/ the service?	**O której jest msza/nabożeńst…**
	oh ktoo • rehy yehst mshah/ nah • boh • zhehn' • stfoh

ACTIVITIES

SHOPPING

NEED TO KNOW

Where is the market/ mall [shopping centre]?	**Gdzie jest targ/centrum handlowe?** *gdj'yeh yehst tahrk/tsehn • troom hahn • dloh • veh*
I'm just browsing.	**Tylko się rozglądam.** *tyhl • koh sh'yeh rohz • glohn • dahm*
Can you help me?	**Czy może mi pan pomóc?** *chyh moh • zheh mee pahn poh • moots*
I'm being helped.	**Jestem już obsługiwany** m/ **obsługiwana** f. *yehs • tehm yoosh ohp • swoo • gee • vah • nyh/ ohp • swoo • gee • vah • nah*
How much is this/ that?	**Ile to/tamto kosztuje?** *ee • leh toh/tahm • toh kosh • too • yeh*
Can you show me…?	**Może mi pan pokazać…?** *moh • zheh mee pahn poh • kah • zahch'…*
This/That one, please.	**Proszę to/tamto.** *proh • sheh toh/tahm • toh*
That's all, thanks.	**To wszystko, dziękuję.** *toh fshyhs • tkoh dj'yehn • koo • yeh*
Where can I pay?	**Gdzie mogę zapłacić?** *gdj'yeh moh • geh zah • pwah • ch'eech'*
I'll pay in cash/ by credit card.	**Zapłacę gotówką/kartą kredytową.** *zah • pwah • tseh goh • toof • kohm/ kahr • tohm kreh • dyh • toh • vohm*
A receipt, please.	**Proszę paragon.** *proh • sheh pah • rah • gohn*

AT THE SHOPS

Where is/are...?	**Gdzie jest/są...?**	
	gdj'yeh yehst/sohm...	
When does...open/ close?	**Od/Do której czynny jest...?**	
	ohd/doh <u>ktoo</u> • rehy <u>chyhn</u> • nyh yehst...	
the antiques store	**antykwariat**	
	ahn • tyh • <u>kfah</u> • ryaht	
the bakery	**piekarnia**	
	pyeh • <u>kahr</u> • n'yah	
the bank	**bank**	
	bahnk	
the butcher shop	**sklep mięsny**	
	sklehp <u>myehn</u> • snyh	
the bookstore	**księgarnia**	
	ksh'yehn • <u>gahr</u> • n'yah	
the camera shop	**sklep fotograficzny**	
	sklehp foh • toh • grah • <u>feech</u> • nyh	
the clothing store	**sklep odzieżowy**	
	sklehp oh • dj'yeh • <u>zhoh</u> • vyh	
the delicatessen	**delikatesy**	
	deh • lee • kah • <u>teh</u> • syh	
the department store	**dom towarowy**	
	dohm toh • vah • <u>roh</u> • vyh	
the florist	**kwiaciarnia**	
	kfyah • <u>ch'yahr</u> • n'yah	
the gift shop	**sklep z upominkami**	
	sklehp zoo • poh • meen • <u>kah</u> • mee	
grocery store	**sklep spożywczy**	
	sklehp spoh • <u>zhyhf</u> • chyh	
the health food store	**sklep ze zdrową żywnością**	
	sklehp zeh <u>zdroh</u> • vohm zhyhv • <u>nohsh'</u> • ch'yohm	

the jeweler	**jubiler**
	yoo • bee • lehr
the liquor store [off-licence]	**sklep monopolowy**
	sklehp moh • noh • poh • loh • vyh
market	**bazar**
	bah • zahr
the music store	**sklep muzyczny**
	sklehp moo • zyhch • nyh
the pastry shop	**cukiernia**
	tsoo • kyehr • n'yah
the pharmacy [chemist]	**apteka**
	ahp • teh • kah
the produce [grocery] store	**sklep z artykułami spożywczymi**
	sklehp zahr • tyh • koo • wah • mee spoh • zhyhf • chyh • mee
the shoe store	**sklep obuwniczy**
	sklehp oh • boov • n'ee • chyh
the shopping mall [centre]	**centrum handlowe**
	tsehn • troom hahn • dloh • veh
the souvenir store	**sklep z pamiątkami**
	sklehp spahm • yohnt • kah • mee
the sporting store	**sklep sportowy**
	sklehp spohr • toh • vyh
the supermarket	**supermarket**
	soo • pehr • mahr • keht
the tobacconist	**sklep tytoniowy**
	sklehp tyh • toh • n'yoh • vyh
the newsstand	**kiosk z gazetami**
	kyohsk zgah • zeh • tah • mee
the toy store	**sklep z zabawkami**
	sklehp zzah • bahf • kah • mee

ASK AN ASSISTANT

What are the opening hours?	**Jakie są godziny otwarcia?**
	yah • kyeh sohm goh • dj'ee • nyh oht • fahr • ch'yah
Where is/are...?	**Gdzie jest/są...?**
	gdj'yeh yehst/sohm...
the cashier	**kasa**
	kah • sah
the escalators	**schody ruchome**
	shoh • dyh roo • hoh • meh
the elevator [lift]	**winda**
	veen • dah
the fitting room	**przymierzalnia**
	pshyh • myeh • zhahl • n'yah
the store directory	**tablica informacyjna**
	tah • blee • tsah een • fohr • mah • tsyhy • nah
Can you help me?	**Czy może mi pan pomóc?**
	chyh moh • zheh mee pahn poh • moots
I'm just looking.	**Tylko się rozglądam.**
	tyhl • koh sh'yeh rohz • glohn • dahm
I'm being helped.	**Jestem już obsługiwany** m/**obsługiwana** f.
	yehs • tehm yoosh ohp • swoo • gee • vah • nyh/ ohp • swoo • gee • vah • nah
Do you have...?	**Czy mają państwo...?**
	chyh mah • yohm pahn' • stfoh...
Can you show me...?	**Czy może mi pan pokazać...?**
	chyh moh • zheh mee pahn poh • kah • zahch'...
Can you ship/ wrap it?	**Można prosić o wysłanie/opakowanie?**
	mohzh • nah proh • sh'eech' oh vyh • swah • n'yeh/ oh • pah • koh • vah • n'yeh

How much? **Ile to kosztuje?**
ee • leh toh kohsh • too • yeh

That's all, thanks. **To wszystko, dziękuję.**
toh fshyhst • koh dj'yehn • koo • yeh

For Clothing, see page 111.

YOU MAY HEAR...

Czym mogę służyć?
chyhm moh • geh swoo • zhyhch'

Chwileczkę.
hvee • lehch • keh

Co podać?
tsoh poh • dahch'

To wszystko?
toh fshyhst • koh

Can I help you?

One moment.

What would you like?

Is that all?

YOU MAY SEE...

Zamknięte/otwarte	open/closed
Przerwa śniadaniowa	closed for lunch
Przymierzalnia	fitting room
Kasa	cashier
Płatność tylko gotówką	cash only
Przyjmujemy karty kredytowe	credit cards accepted
Godziny otwarcia	business hours
Wyjście	exit

PERSONAL PREFERENCES

I want something...	**Chciałbym** m /**Chciałabym** f **coś...**
	hch'yahw • byhm/hch'yah • wah • byhm
	tsohsh'...
cheap/expensive	**taniego/drogiego**
	tah • n'yeh • goh/droh • gyeh • goh
larger/smaller	**większego/mniejszego**
	vyehn • ksheh • goh/mn'yehy • sheh • goh
from this region	**miejscowego**
	myehy • stsoh • veh • goh
Around...euro/złoty.	**około ... euro/zloty.**
	oh • koh • woh ... ehw • roh/zwoh • tyhh
Is it real/fake?	**Czy to jest prawdziwe/sztuczne?**
	chyh toh yehst prahv • dj'ee • veh/
	shtoo • chneh
Could I see this/ that?	**Czy mogę zobaczyć to/tamto?**
	chyh moh • geh zoh • bah • chyhch' toh/
	tahm • toh
That's not quite what I want.	**To nie to, czego szukam.**
	toh n'yeh toh cheh • goh
	shoo • kahm
I don't like it.	**To mi się nie podoba.**
	toh mee sh'yeh n'yeh poh • doh • bah
It's too expensive.	**To jest za drogie**
	toh yehst zah droh • gyeh
I'd like to think about it.	**Chcę się nad tym zastanowić.**
	htseh sh'yeh naht tyhm
	zahs • tah • noh • veech'
I'll take it.	**Wezmę to.**
	vehz • meh toh

PAYING & BARGAINING

How much?	**Ile to kosztuje?**
	ee • leh toh kosh • too • yeh
I'll pay in cash/	**Zapłacę gotówką/kartą kredytową/**
by credit card/	**czekiem podróżnym.**
by traveler's check.	*zah • pwah • tseh goh • toof • kohm/*
	kahr • tohm kreh • dyh • toh • vohm/
	cheh • kyehm pohd • roozh • nyhm
A receipt, please.	**Proszę paragon.**
	proh • sheh pah • rah • gohn
That's too much.	**To za drogo.**
	toh zah droh • goh
I'll give you…	**Dam panu…**
	dahm pah • noo…
I only have…zlotys.	**Mam tylko…złotych.**
	mahm tyhl • koh…zwoh • tyhh
Is that your best price?	**To najniższa cena?**
	toh nay • n'eezh • shah tseh • nah
Can you give me a	**Da mi pan zniżkę?**
discount?	*dah mee pahn zn'eezh • keh*

For Numbers, see page 20.

(i)

Cash is the preferred method of payment in stores.
Larger stores and retail chains accept major credit cards.
Travelers checks and personal checks [cheques] are not
commonly accepted in Poland.

YOU MAY HEAR...

Jak chce pan zapłacić?
yahk htseh pahn zah • pwah • ch'eech'

Transakcja została odrzucona.
trahn • sahk • tsyah zoh • stah • wah
ohd • zhoo • tsoh • nah

Proszę o dowód tożsamości.
proh • sheh oh
doh • voot tohzh • sah • moh • sh'ch'ee

Nie przyjmujemy kart kredytowych.
n'yeh pshyh • ymoo • yeh • myh kahrt
kreh • dyh • toh • vyhh

Płatność tylko gotówką.
pwaht • nohsh'ch' tyhl • koh
goh • toof • kohm

How are you paying?

Your credit card has been declined.

ID, please.

We don't accept credit cards.

Cash only, please.

MAKING A COMPLAINT

I'd like...	**Chciałbym** *m*/**Chciałabym** *f*...
	hch'yahw • byhm/hch'yah • wah • byhm...
to exchange this	**to wymienić**
	toh vyh • myeh • n'eech'
to return this	**to oddać**
	toh ohd • dahch'
a refund	**zwrot pieniędzy**
	zvroht pyeh • n'ehn • dzy
to see the manager	**porozmawiać z kierownikiem**
	poh • rohz • mah • vyahch'
	skyeh • rohv • n'ee • kyehm
Here's the receipt.	**Oto paragon.**
	oh • toh pah • rah • gohn

SERVICES

Can you recommend...?	**Czy może pan polecić...?**
	chyh moh • zheh pahn poh • leh • ch'eech'...
a barber	**fryzjera męskiego**
	fryh • zyeh • rah mehn • skyeh • goh
a dry cleaner	**pralnię chemiczną**
	prahl • n'yeh heh • meech • nohm
a hairdresser	**fryzjera**
	fryh • zyeh • rah
a laundromat [launderette]	**pralnię samoobsługową**
	prahl • n'yeh
	sah • moh • ohp • swoo • goh • vohm
a nail salon	**manikiurzystkę**
	mah • nee • kyoo • zhyhs • tkeh
a spa	**spa**
	spah
a travel agency	**biuro podróży**
	byoo • roh pohd • roo • zhyh
Can you...this?	**Może pan to...?**
	moh • zheh pahn toh...
alter	**poprawić**
	poh • prah • veech'

clean	**wyczyścić**
	vyh • chyhsh' • ch'eech'
mend	**załatać**
	zah • wah • tahch'
press	**wyprasować**
	vyh • prah • soh • vahch'
When will it be ready?	**Na kiedy to będzie gotowe?**
	nah kyeh • dyh toh behn • dj'yeh goh • toh • veh

HAIR & BEAUTY

I'd like an appointment for today/tomorrow.	**Chciałbym** m/**Chciałabym** f **umówić się na dzisiaj/jutro.**
	hch'yahw • byhm /hch'yah • wah • byhm oo • moo • veech' sh'yeh nah dj'ee • sh'yahy/ yoot • roh
I'd like…	**Poproszę o…**
	poh • proh • sheh oh…
some color/ highlights	**trochę koloru/pasemka**
	troh • heh koh • loh • roo/pah • sehm • kah
my hair styled/ blow-dried	**ułożenie/wysuszenie włosów**
	oo • woh • zheh • n'yeh/ vyh • soo • sheh • n'yeh vwoh • soof
a haircut	**strzyżenie**
	st • shyh • zheh • n'yeh
an eyebrow/ bikini wax	**depilację brwi/bikini woskiem**
	deh • pee • lahts'yeh brvee/bee • kee • n'ee vohs • kyehm
a facial	**zabieg na twarz**
	zah • byehk nah tfahsh
a manicure/ pedicure	**manicure/pedicure**
	mah • n'ee • kyoor/peh • dee • kyoor
a (sports) massage	**masaż (sportowy)**
	mah • sash (spohr • toh • vyh)

a trim	**podcięcie włosów**
	poht • ch'yen' • ch'yeh vwoh • soof
Not too short.	**Nie za krótko**
	n'yeh zah kroot • koh
Shorter here.	**Krócej tutaj**
	kroot • tsehy too • tahy
Do you offer...?	**Czy prowadzą państwo...?**
	chyh proh • vah • dzohm pahn's • tfoh...
I'd like...	**Poproszę o...**
	poh • proh • sheh oh...
acupuncture	**akupunkturę**
	ah • koo • poon • ktoo • reh
aromatherapy	**aromaterapię**
	ah • roh • mah • teh • rah • pyeh
oxygen treatment	**terapię tlenową**
	teh • rah • pyeh tleh • noh • vohm
Is there a sauna?	**Czy jest sauna?**
	chyh yehst sahw • nah

ANTIQUES

| How old is this? | **Ile to ma lat?** |
| | *ee • leh toh mah laht* |

(i)

Throughout Poland, there are many popular health resorts of long-standing tradition such as **Busko-Zdrój**, **Konstancin Jeziorna**, **Duszniki Zdrój**, **Krynica**, **Nałęczów** and **Szczawnica** where the waters are known to have healing qualities. Spas and wellness centers, both day and overnight, can be found in large cities and seaside resorts (**Jurata**, **Jastarnia**, **Łeba**, **Sopot**, **Ustka**), the lake region (**Augustów**) and the mountains (**Zakopane**, **Bielsko-Biała**). These offer a wide range of high-quality services and are usually relatively expensive.

Do you have anything from the…period?	**Ma pan coś z okresu…?** *mah pahn tsohsh' zoh • kreh • soo…*
Do I have to fill out any forms?	**Czy muszę wypełniać jakiś formularz?** *chyh <u>moo</u> • sheh vyh • <u>pehw</u> • n'yahch' yah • keesh' fohr • <u>moo</u> • lahsh*
Is there a certificate of authenticity?	**Czy to ma świadectwo autentyczności?** *chyh toh mah sh'fyah • <u>dehts</u> • tfoh aw • tehn • tyhch • <u>nohsh'</u> • ch'ee*
Can you ship/wrap it?	**Można prosić o wysłanie/opakowanie tego?** *<u>mohzh</u> • nah proh • <u>sh'eech'</u> oh vyh • <u>swah</u> • n'yeh/ oh • pah • koh • <u>vah</u> • n'yeh <u>teh</u> • goh*

CLOTHING

I'd like…	**Chciałbym** m/**Chciałabym** f… *<u>hch'yahw</u> • byhm/<u>hch'yah</u> • wah • byhm…*
Can I try this on?	**Czy mogę to przymierzyć?** *chyh <u>moh</u> • geh toh pshyh • <u>myeh</u> • zhyhch'*

It doesn't fit.	**To nie pasuje.**
	toh n'yeh pah • <u>soo</u> • yeh
It's too…	**To jest za…**
	toh yehst zah…
big	**duże**
	<u>doo</u> • zheh
small	**małe**
	<u>mah</u> • weh
short	**krótkie**
	<u>kroot</u> • kyeh
long	**długie**
	<u>dwoo</u> • gyeh
tight	**ciasne**
	<u>ch'yah</u> • sneh
loose	**luźne**
	<u>loo</u> • zh'neh
Do you have this in size…?	**Czy jest rozmiar…?**
	chyh yehst <u>rohz</u> • myahr…
Do you have this in a bigger/smaller size?	**Czy są większe/mniejsze rozmiary?**
	chyh sohm <u>vyehnk</u> • sheh/<u>mn'yehy</u> • sheh rohz • <u>myah</u> • ryh

---

YOU MAY SEE… ◉

ODZIEŻ DAMSKA	men's clothing
ODZIEŻ MĘSKA	women's clothing
UBRANIA DLA DZIECI	children's clothing

> **YOU MAY HEAR...**
>
> **Świetnie w tym pan wygląda.** | That looks great
> *sh'vyeht • n'yeh pahn* | on you.
> *ftyhm wyh • glohn • dah*
> **Jak to pasuje?** | How does it fit?
> *yahk toh pah • soo • yeh*
> **Nie mamy pana rozmiaru.** | We don't have
> *n'yeh mah • myh pah • nah* | your size.
> *rohz • myah • roo*

COLORS

I want something…	**Chciałbym** m/**Chciałabym** f **coś w kolorze…**
	hch'yahw • byhm /hch'yah • wah • byhm tsohsh' fkoh • loh zheh…
beige	**beżowym**
	beh • zhoh • vyhm
black	**czarnym**
	chahr • nyhm
blue	**niebieskim**
	n'yeh • byehs • keem
brown	**brązowym**
	brohn • zoh • vyhm
gray	**szarym**
	shah • ryhm
green	**zielonym**
	zh'yeh • loh • nyhm
olive	**oliwkowym**
	oh • leef • koh • vyhm
orange	**pomarańczowym**
	poh • mah • rahn' • choh • vyhm

pink	**różowym**
	roo • <u>zhoh</u> • vyhm
purple	**fioletowym**
	fioh • leh • <u>toh</u> • vyhm
red	**czerwonym**
	chehr • <u>voh</u> • nyhm
white	**białym**
	<u>byah</u> • wyhm
yellow	**żółtym**
	<u>zhoow</u> • tyhm

CLOTHES & ACCESSORIES

a backpack	**plecak**
	<u>pleh</u> • tsahk
a bag	**torba**
	<u>tohr</u> • bah
a belt	**pasek**
	<u>pah</u> • sehk
a bikini	**bikini**
	bee • <u>kee</u> • n'ee
a blouse	**bluzka**
	<u>bloos</u> • kah
a bra	**biustonosz**
	byoos • <u>toh</u> • nohsh
briefs [underpants]/ panties (women's)	**majtki** (for both sexes)/**slipy** (men's)/ **figi**
	<u>mahyt</u> • kee/ <u>slee</u> • pyh/ <u>fee</u> • gee
a coat (long/short)	**płaszcz/kurtka**
	pwahshch/<u>koort</u> • kah
a dress	**sukienka**
	soo • <u>kyehn</u> • kah
a hat	**kapelusz**
	kah • <u>peh</u> • loosh

a jacket	**marynarka** *m*/**żakiet** *f*
	mah • ryh • nahr • kah/zhah • kyeht
jeans	**dżinsy**
	dj'een • syh
pajamas	**piżama**
	pee • zhah • mah
pants [trousers]	**spodnie**
	spohd • n'yeh
pantyhose [tights]	**rajstopy**
	ray • stoh • pyh
a purse [handbag]	**torebka**
	toh • rehp • kah
a raincoat	**płaszcz przeciwdeszczowy**
	pwahshch
	psheh • ch'eev • dehsh • choh • vyh
a scarf	**szalik**
	shah • leek
a shirt	**koszula** *m*/**bluzka** *f*
	koh • shoo • lah /bloos • kah
shorts	**szorty**
	shohr • tyh
a skirt	**spódnica**
	spood • n'ee • tsah
socks	**skarpetki**
	skahr • peht • kee
stockings	**pończochy**
	pohn' • choh • hyh
a suit	**garnitur** *m*/**kostium** *f*
	gahr • n'ee • toor /kohs • tyoom
sunglasses	**okulary przeciwsłoneczne**
	oh • koo • lah • ryh
	psheh • ch'eef • swoh • nehch • neh
a sweater	**sweter**
	sfeh • tehr

a sweatshirt	**bluza**
	bloo • zah
swimming trunks	**kąpielówki**
	kohm • pyeh • _loof_ • kee
a swimsuit	**kostium kąpielowy**
	kohs • tyoom kohm • pyeh • _loh_ • vyh
a T-shirt	**t-shirt**
	tee • shehrt
a tie	**krawat**
	krah • vaht
underwear	**bielizna**
	byeh • _lee_ • znah

FABRIC

I'd like…	**Chciałbym** m/**Chciałabym** f **coś…**
	hch'yahw • byhm /_hch'yah_ • wah • byhm
	tsohsh'…
cotton	**z bawełny**
	zbah • _vehw_ • nyh
denim	**z dżinsu**
	zdjeen • soo
lace	**z koronki**
	skoh • _rohn_ • kee
leather	**ze skóry**
	zeh _skoo_ • ryh
linen	**z lnu**
	zlnoo
silk	**z jedwabiu**
	zyehd • _vah_ • byoo
wool	**z wełny**
	zvehw • nyh
Is it machine washable?	**Czy można to prać w pralce?**
	chyh _mohzh_ • nah toh prahch' _fprahl_ • tseh

SHOES

I'd like...	**Chciałbym** m/**Chciałabym** f...
	hch'yahw • byhm /hch'yah • wah • byhm...
high-heeled/	**buty na wysokim obcasie/płaskim**
flat shoes	**obcasie**
	boo • tyh nah vyh • soh • keem
	ohp • tsah • sh'yeh/pwahs • keem
	ohp • tsah • sh'yeh
boots	**botki**
	boht • kee
loafers	**mokasyny**
	moh • kah • syh • nyh
sandals	**sandały**
	sahn • dah • wyh
shoes	**buty**
	boo • tyh
slippers	**kapcie**
	kahp • ch'yeh
sneakers	**buty sportowe**
	boo • tyh spohr • toh • veh
In size...	**Rozmiar...**
	rohz • myahr...

For Numbers, see page 20.

SIZES

small (S)	**mały/S**
	mah • wyh/ehs
medium (M)	**średni/M**
	sh'rehd • n'ee/ehm
large (L)	**duży/L**
	doo • zhyh/ehl

extra large (XL)	**bardzo duży/XL**
	bahr • dzoh <u>doo</u> • zhyh/eeks • <u>ehl</u>
petite	**rozmiar petite**
	<u>rohz</u> • myahr peh • <u>teet</u>
plus size	**rozmiar plus**
	<u>rohz</u> • myahr ploos

NEWSAGENT & TOBACCONIST

Do you sell English-language newspapers?	**Czy sprzedają państwo gazety anglojęzyczne?**
	chyh spsheh • <u>dah</u> • yohm <u>pahn'</u> • stfoh gah • <u>zeh</u> • tyh anh • gloh • yehn • <u>zyhch</u> • neh
I'd like…	**Poproszę…**
	poh • <u>proh</u> • sheh…
candy	**cukierka/batonik**
	coo • <u>kyehr</u> • kah/bah • <u>toh</u> • n'eek
chewing gum	**gumę do żucia**
	<u>goo</u> • meh doh <u>zhoo</u> • ch'yah
a chocolate bar	**tabliczkę czekolady**
	tahb • <u>leech</u> • keh cheh • koh • <u>lah</u> • dyh
a cigar	**cygaro**
	tsyh • <u>gah</u> • roh
a pack/carton of cigarettes	**paczkę/karton papierosów**
	<u>pahch</u> • keh/<u>kahr</u> • tohn pah • pyeh • <u>roh</u> • soof
a lighter	**zapalniczkę**
	zah • pahl • <u>n'eech</u> • keh
a magazine	**pismo**
	<u>pees</u> • moh
matches	**zapałki**
	zah • <u>pahw</u> • kee
a newspaper	**gazetę**
	gah • <u>zeh</u> • the

a pen	**długopis**
	dwoo • goh • pees
a postcard	**pocztówkę**
	pohcz • toof • keh
a road/town map...	**mapę drogową/miasta...**
	mah • peh droh • goh • vohm/myah • stah...
stamps	**znaczki**
	znahch • kee

PHOTOGRAPHY

I'm looking for... camera.	**Szukam...aparatu fotograficznego.**
	shoo • kahm...ah • pah • rah • too foh • toh • grah • feech • neh • goh
an automatic	**automatycznego**
	ahw • toh • mah • tyhch • neh • goh
a digital	**cyfrowego**
	tsyhf • roh • veh • goh
a disposable	**jednorazowego**
	yehd • noh • rah • zoh • veh • goh
I'd like...	**Poproszę...**
	poh • proh • sheh...
a battery	**baterię**
	bah • teh • ryeh
digital prints	**wydruki zdjęć z aparatu cyfrowego**
	vyh • droo • kee zdyehnch' zah • pah • rah • too tsyhf • roh • veh • goh
a memory card	**kartę pamięci**
	kahr • teh pah • myehn' • ch'ee
Can I print digital photos here?	**Czy mogę tu wydrukować zdjęcia z aparatu cyfrowego?**
	chyh moh • geh too vyh • droo • koh • vach' zdyehn' • ch'yah zah • pah • rah • too tsyhf • roh • veh • goh

When will the photos be ready?	**Na kiedy zdjęcia będą gotowe?** *nah kyeh • dyh zdyehn' • ch'yah behn • dohm goh • toh • veh*

SOUVENIRS

amber jewelry	**biżuteria z bursztynu** *bee • zhoo • teh • ryah zboor • shtyh • noo*
box of chocolates	**pudełko czekoladek/bombonierka** *poo • dehw • koh cheh • koh • lah • dehk/ bohm • boh • n'yehr • kah*
crystal	**kryształ** *kryhsh • tahw*
cut glass	**szlifowane szkło** *shlee • foh • vah • neh shkwoh*
hand-painted eggs	**pisanki** *pee • sahn • kee*
hand-painted wooden box	**ręcznie malowane drewniane pudełko** *rehnch • n'yeh mah • loh • vah • neh drehv • n'yah • neh poo • dehw • koh*
key ring	**breloczek na klucze** *breh • loh • chehk nah kloo • cheh*
Polish vodka	**polska wódka** *pohl • skah voot • kah*
postcard	**pocztówka** *pohch • toof • kah*
poster	**plakat** *plah • kaht*
silver jewelry	**biżuteria ze srebra** *bee • zhoo • teh • ryah zeh sreh • brah*
tapestry	**kilim** *kee • leem*
T-shirt	**t-shirt** *tee • shehrt*

wood carving	**figurka z drewna**
	fee • <u>goor</u> • kah <u>zdrehv</u> • nah
Could I see this/ that?	**Czy mogę zobaczyć to/tamto?**
	chyh <u>moh</u> • geh zoh • <u>bah</u> • chyhch' toh/ <u>tahm</u> • toh
It's the one in the window/display case.	**To ten na wystawie/w gablocie.**
	toh tehn nah vyhs • <u>tah</u> • vyeh/ vgah • <u>bloh</u> • ch'yeh
I'd like…	**Chciałbym** m/**Chciałabym** f…
	<u>hch'yahw</u> • byhm/<u>hch'yah</u> • wah • byhm…
a battery	**baterię**
	bah • <u>teh</u> • ryeh
a bracelet	**bransoletkę**
	brahn • soh • <u>leht</u> • keh
a brooch	**broszkę**
	<u>brohsh</u> • keh
earrings	**kolczyki**
	kohl • <u>chyh</u> • kee
a necklace	**naszyjnik**
	nah • <u>shyhy</u> • n'eek
a ring	**pierścionek**
	pyehr • <u>sh'ch'yoh</u> • nehk
a watch	**zegarek**
	zeh • <u>gah</u> • rehk

I'd like...	**Chciałbym** m/**Chciałabym** f **coś...**
	hch'yahw • byhm /_hch'yah_ • wah • byhm
	tsohsh'...
amber	**z bursztynu**
	zboor • _shtyh_ • noo
copper	**z miedzi**
	zmyeh • dj'ee
crystal (quartz)	**z kryształu**
	zkryhsh • _tah_ • woo
diamond	**z brylantami**
	zbryh • lahn • _tah_ • mee
enamel	**z emalii**
	zeh • _mah_ • lee
white/yellow gold	**z białego/żółtego złota**
	z byah • _weh_ • goh/zhoow • _teh_ • goh
	zwoh • tah
pearl	**z pereł**
	speh • rehw
pewter	**z cyny**
	s • _tsyh_ • nyh
platinum	**z platyny**
	splah • _tyh_ • nyh
silver	**ze srebra**
	zeh _sreh_ • brah
stainless steel	**ze stali nierdzewnej**
	zeh _stah_ • lee n'yeh • _rdzehv_ • nehy
Is this real?	**Czy to jest prawdziwe?**
	chyh toh yehst prahv • _dj'ee_ • veh
Can you engrave it?	**Można na tym grawerować?**
	moh • zhnah nah tyhm
	grah • veh • _roh_ • vach'

SPORT & LEISURE

NEED TO KNOW

Where's the game?	**Gdzie grają?**
	gdj'yeh grah • yohm
Where's...?	**Gdzie jest...?**
	gdj'yeh yehst...
the beach	**plaża**
	plah • zhah
the park	**park**
	pahrk
the pool	**basen**
	bah • sehn
Is it safe to swim/ dive here?	**Można tu bezpiecznie pływać/ skakać?**
	mohzh • nah too behs • pyehch • n'yeh pwyh • vahch'/skah • kahch'
I'd like to rent [hire] golf clubs.	**Chciałbym** m/**Chciałabym** f **wypożyczyć kije golfowe.**
	hch'yahw • byhm/hch'yah • wah • byhm fvyh • poh • zhyh • chyhch' kee • yeh gohl • foh • veh
What's the charge per hour?	**Jaka jest opłata za godzinę?**
	yah • kah yehst oh • pwah • tah zah goh • dj'ee • neh
How far is it to... from here?	**Jak daleko jest stąd do...?**
	yahk dah • leh • koh yehst stohnt doh...
Can you show me on the map?	**Czy może mi pan pokazać na mapie?**
	chyh moh • zheh mee pahn poh • kah • zahch' nah mah • pyeh

WATCHING SPORT

When is…?	**Kiedy jest/są…?**
	kyeh • dyh yehst/sohm…
the basketball game	**mecz koszykówki**
	mehch koh • shyh • koof • kee
the boxing match	**zawody bokserskie**
	zah • voh • dyh bohk • sehr • skyeh
the cycling race	**wyścig rowerowy**
	vyhsh' • ch'eeg roh • veh • roh • vyh
the golf tournament	**zawody golfowe**
	zah • voh • dyh gohl • foh • veh
the soccer [football] game	**mecz piłki nożnej**
	mehch peew • kee nohzh • nehy
the tennis match	**mecz tenisowy**
	mehch teh • n'ee • soh • vyh
Who's playing?	**Kto gra?**
	ktoh grah
Where's…?	**Gdzie jest…?**
	gdj'yeh yehst…
the horsetrack	**tor wyścigów konnych**
	tohr vyhsh' • ch'ee • goof kohn • nyhh
the racetrack	**tor wyścigowy**
	tohr vyhsh' • ch'ee • goh • vyh
the stadium	**stadion**
	stah • dyohn
Where can I place a bet?	**Gdzie można postawić zakład?**
	gdj'yeh mohzh • nah pohs • tah • veech' zah • kwaht

PLAYING SPORT

Where is/are…?	**Gdzie jest/są…?**
	gdj'yeh yehst/sohm…

the golf course	**pole golfowe**	
	poh • leh gohl • foh • veh	
the gym	**siłownia**	
	sh'ee • wohv • n'yah	
the park	**park**	
	pahrk	
the tennis courts	**korty tenisowe**	
	kohr • tyh teh • n'ee • soh • veh	
How much per...?	**Jaka jest stawka za...?**	
	yah • kah yehst stah • fkah zah...	
day	**dzień**	
	dj'yehn'	
hour	**godzinę**	
	goh • dj'ee • neh	
game	**mecz**	
	mehch	
round	**turę**	
	too • reh	
Can I rent [hire]...?	**Czy mogę wypożyczyć...?**	
	chyh moh • geh vyh • poh • zhyh • chyhch'	
golf clubs	**kije do golfa**	
	kee • yeh doh gohl • fah	
equipment	**sprzęt**	
	spshehnt	

| a racket | **rakietę** |
| | *rah • kyeh • teh* |

AT THE BEACH/POOL

Where's the beach/ pool?	**Gdzie jest plaża/basen?**
	gdj'yeh yehst plah • zhah/bah • sehn
Is there…?	**Czy jest…?**
	chyh yehst…
a kiddie pool	**brodzik**
	broh • dj'eek
an indoor/ outdoor pool	**basen kryty/odkryty**
	bah • sehn kryh • tyh/oht • kryh • tyh
a lifeguard	**ratownik**
	rah • tohv • n'eek
Is it safe to swim/ dive here?	**Można tu bezpiecznie pływać/skakać?**
	mohzh • nah too behs • pyehch • n'yeh pwyh • vach'/skah • kach'
Is it safe for children?	**Czy jest tu bezpiecznie dla dzieci?**
	chyh yehst too behs • pyehch • n'yeh dlah dj'eh • ch'ee
I'd like to rent [hire]…	**Chciałbym** *m*/**Chciałabym** *f* **wypożyczyć…**
	hch'yahw • byhm /hch'yah • wah • byhm vyh • poh • zhyh • chyhch'…
a deck chair	**leżak**
	leh • zhahk
diving equipment	**sprzęt do nurkowania**
	spshehnt doh noor • koh • vah • n'yah
a jet-ski	**skuter wodny**
	skoo • tehr vohd • nyh
a motorboat	**motorówkę**
	moh • toh • roof • keh
a rowboat	**łódkę wiosłową**
	wood • keh vyohs • woh • vohm

the bike routes	**szlaków rowerowych**
	shlah • koof roh • veh • _roh_ • vyhh
the trails	**szlaków**
	shlah • koof
s it far?	**Czy to daleko?**
	chyh toh dah • _leh_ • koh
s it easy/difficult?	**Czy to łatwa/trudna trasa?**
	chyh toh _wah_ • tvah/_troo_ • dnah _trah_ • sah
it steep?	**Jest stromo?**
	yehst _stroh_ • moh
w far is it to...?	**Jak daleko jest do...?**
	yahk dah • _leh_ • koh yehst doh
lost.	**Zgubiłem m/Zgubiłam f się.**
	zgoo • _bee_ • wehm/zgoo • _bee_ • wahm
	sh'yeh
re's...?	**Gdzie jest...?**
	gdj'yeh yehst...
e bridge	**most**
	mohst
cave	**jaskinia**
	yahs • _kee_ • n'yah
cliff	**klif**
	kleef
arm	**gospodarstwo**
	goh • spoh • _dahr_ • stvoh
eld	**pole**
	poh • leh
rest	**las**
	lahs
ke	**jezioro**
	yeh • _zh'yoh_ • roh
untain	**góra**
	goo • rah
tional park	**park narodowy**
	pahrk nah • roh • _doh_ • vyh

I'd like to rent [hire]...	**Chciałbym** m/**Chciałabym** f **wypożyczyć...**	
	hch'yahw • byhm/_hch'yah_ • wah • byhm fvyh • poh • _zhyh_ • chyhch'...	
boots	**buty narciarskie**	
	boo • tyh nahr • _ch'yahr_ • skyeh	
cross-country skis	**biegówki**	
	byeh • _goof_ • kee	
a helmet	**kask**	
	kahsk	
poles	**kijki**	
	keey • kee	
skates	**łyżwy**	
	wyhzh • vyh	
skis	**narty**	
	nahr • tyh	
a snowboard	**deskę snowboardową**	
	dehs • keh snohw • bohr • _doh_ • vohm	
snowshoes	**rakiety śnieżne**	
	rah • _kyeh_ • tyh sh'n'yehzh • neh	
These are too big/small.	**Te są za duże/małe.**	
	teh sohm zah _doo_ • zheh/_mah_ • weh	
Are there ski/snowboard lessons?	**Czy jest nauka jazdy na nartach/snowboardzie?**	
	chyh yehst nah • _oo_ • kah yahz • dyh nah _nahr_ • tahh/snohw • _bohr_ • dj'yeh	
I'm a beginner.	**Jestem początkujący** m/**początkująca** f.	
	yehs • tehm poh • chohn • tkoo • _yohn_ • tsyh/poh • chohn • tkoo • _yohn_ • tsah	
I'm experienced.	**Jestem zaawansowany** m/**zaawansowana** f.	
	yehs • tehm zah • ah • vahn • soh • _vah_ • nyh/zah • ah • vahn • soh • _vah_ • nah	

the nature reserve	**rezerwat przyrody**
	reh • <u>zehr</u> • vaht pshyh • <u>roh</u> • dyh
the overlook [viewpoint]	**punkt widokowy**
	poonkt vee • doh • <u>koh</u> • vyh
the park	**park**
	pahrk
the path	**ścieżka**
	<u>sh'ch'yesh</u> • kah
the peak	**szczyt**
	sh • chyht
the picnic area	**pole piknikowe**
	poh • leh peek • n'ee • <u>koh</u> • veh
the pond	**staw**
	stahv
the river	**rzeka**
	<u>zheh</u> • kah
the sea	**morze**
	<u>moh</u> • zheh
the (thermal) spring	**(gorące) źródło**
	(goh • <u>rohn</u> • tseh) <u>zh'rood</u> • woh
the stream	**strumień**
	<u>stroo</u> • myehn'
the valley	**dolina**
	doh • <u>lee</u> • nah
the vineyard	**winnica**
	veen • <u>nee</u> • tsah
the waterfall	**wodospad**
	voh • <u>dohs</u> • paht

For Asking Directions, see page 64.

TRAVELING WITH CHILDREN

NEED TO KNOW

Is there a discount for children?
Czy jest zniżka dla dzieci?
chyh yehst zn'eezh • kah dlah dj'yeh • ch'ee

Can you recommend a babysitter?
Czy może pan polecić opiekunkę do dzieci?
chyh moh • zheh pahn poh • leh • ch'eech' oh • pyeh • koon • keh doh dj'yeh • ch'ee

Do you have a child's seat/highchair?
Mają państwo krzesełko dla dziecka/wysokie krzesełko?
mah • yohm pahn' • stfoh ksheh • seh • wkoh dlah dj'yeh • tskah/vyh • soh • kyeh ksheh • seh • wkoh

Where can I change the baby?
Gdzie mogę przewinąć dziecko?
gdj'yeh moh • geh psheh • vee • nohn'ch' dj'yehts • koh

OUT & ABOUT

Can you recommend something for kids?	**Czy może pan polecić coś dla dzieci?** *chyh moh•zheh pahn poh•leh•ch'eech' tsohsh' dlah dj'yeh•ch'ee*
Where's…?	**Gdzie jest…?** *gdj'yeh yehst…*
the amusement park	**wesołe miasteczko** *veh•soh•weh myahs•teh•chkoh*
the arcade	**salon gier** *sah•lohn gyehr*
the kiddie [paddling] pool	**brodzik** *broh•dj'eek*
the park	**park** *pahrk*
the playground	**plac zabaw** *plahts zah•bahf*
the zoo	**zoo** *zoh•oh*
Are children allowed?	**Czy można wchodzić z dziećmi?** *chyh mohzh•nah fhoh•dj'eech' zdj'yehch'•mee*
Is it safe for kids?	**Czy to jest bezpieczne dla dzieci?** *chyh toh yehst behs•pyehch•neh dlah dj'yeh•ch'ee*
Is it suitable for… year olds?	**Czy to jest odpowiednie dla…-latków?** *chyh toh yehst oht•poh•vyehd•n'yeh dlah…-laht•koof*

For Numbers, see page 20.

YOU MAY HEAR...

Jakie słodkie!
yah • kyeh swoht • kyeh

How cute!

Jak ma na imię?
yahk mah nah ee • myeh

What's his/her
name?

Ile ma lat?
ee • leh mah laht

How old is he/
she?

BABY ESSENTIALS

Do you have...?	**Czy mają państwo...?** *chyh mah • yohm pahn' • stfoh...*
a baby bottle	**butelkę ze smoczkiem** *boo • tehl • keh zeh smohch • kyehm*
baby wipes	**wilgotne chusteczki pielęgnacyjne** *veel • goht • neh hoos • tehch • kee pyeh • lehn • gnah • tsyhy • neh*
a car seat	**fotelik samochodowy** *foh • teh • leek sah • moh • hoh • doh • vyh*
a child's seat/ highchair	**krzesełko dla dziecka/wysokie krzesełko** *ksheh • seh • wkoh dlah dj'yeh • tskah/ vyh • soh • kyeh ksheh • seh • wkoh*
a crib/cot	**łóżko składane/łóżeczko dziecięce** *woo • shkoh skwah • dah • neh/ woo • zhehch • koh dj'yeh • ch'ehn • tseh*
diapers [nappies]	**pieluszki** *pyeh • loosh • kee*
a pacifier [dummy]	**smoczek** *smoh • chehk*
a playpen	**kojec** *koh • yehts*

a stroller [pushchair]	**wózek spacerowy**
	voo • zehk spah • tseh • roh • vyh
Can I breastfeed the baby here?	**Czy mogę tutaj karmić dziecko piersią?**
	chyh moh • geh too • tay kahr • meech' dj'yehts • koh pyehr • sh'yohm
Where can I change the baby?	**Gdzie mogę przewinąć dziecko?**
	gdj'yeh moh • geh psheh • vee • nohn'ch' dj'yehts • koh

For Dining with Children, see page 168.

BABYSITTING

Can you recommend a babysitter?	**Czy może pan polecić opiekunkę do dzieci?**
	chyh moh • zheh pahn poh • leh • ch'eech' oh • pyeh • koon • keh doh dj'yeh • ch'ee
What's the charge?	**Jaka jest opłata?**
	yah • kah yehst oh • pwah • tah
I'll be back by...	**Przyjdę za...**
	pshyhy • deh zah...
I can be reached at...	**Można do mnie dzwonić na numer...**
	moh • zhnah doh mn'yeh dzvoh • n'eech' nah noo • mehr...

HEALTH & SAFETY

EMERGENCIES

NEED TO KNOW

Help!	**Pomocy!**
	poh • moh • tsyh
Go away!	**Proszę odejść!**
	proh • sheh oh • deysh'ch'
Leave me alone!	**Zostaw mnie w spokoju!**
	zoh • stahf mn'yeh fspoh • koh • yoo
Stop thief!	**Łapać złodzieja!**
	wah • pach' zvoh • dj'yeh • yah
Get a doctor!	**Wezwijcie lekarza!**
	vez • veey • ch'yeh leh • kah • zhah
Fire!	**Pali się!**
	pah • lee sh'yeh
I'm lost.	**Zgubiłem się** *m*/**Zgubiłam się** *f*.
	zgoo • bee • wehm sh'yeh/
	zgoo • bee • wahm sh'yeh
Can you help me?	**Czy może mi pan pomóc?**
	chyh moh • zheh mee pahn poh • moots

YOU MAY HEAR...

Proszę wypełnić ten formularz.
proh • sheh vyh • pehw • n'eech' tehn
fohr • moo • lash'

Please fill out
this form.

Poproszę dowód tożsamości.
poh • proh • sheh doh • voot
tohsh' • sah • mohsh' • ch'ee

Your
identification,
please.

Gdzie/Kiedy to się stało?
gdj'eh/kyeh • dyh toh sh'yeh stah • woh

When/Where did
it happen?

Jak on/ona wygląda?
yahk ohn/oh • nah vyh • glohn • dah

What does he/
she look like?

Proszę tu poczekać.
proh • sheh too poh • cheh • kahch'

Please wait here.

Jak można się z panem skontaktować?
yahk moh • znhah sh'yeh spah • nehm
skohn • tahk • toh • vahch'

How may we
contact you?

In an emergency, dial: **112** for the police
998 for the fire brigade
999 for the ambulance

POLICE

NEED TO KNOW

Call the police!	**Wezwijcie policję!** *vez • veey • ch'yeh poh • leets • yeh*
Where's the police station?	**Gdzie jest komisariat?** *gdj'yeh yehst koh • mee • sahr • yaht*
There has been an accident/attack.	**Zdarzył się wypadek/napad.** *zdah • zhyhw sh'yeh vyh • pah • dehk/ nah • paht*
My child is missing.	**Moje dziecko się zgubiło.** *moh • yeh dj'yeh • tskoh sh'yeh zgoo • bee • woh*
I need…	**Potrzebuję…** *poh • tsh'eh • boo • yeh…*
an interpreter	**tłumacza** *twoo • mah • chah*
to contact my lawyer	**skontaktować się z moim prawnikiem** *skohn • tah • ktoh • vahch' sh'yeh zmoh • eem prah • vn'ee • kyehm*
to make a phone call	**zatelefonować** *zah • teh • leh • foh • noh • vach'*
I'm innocent.	**Jestem niewinny** m/**niewinna** f. *yeh • stehm n'yeh • veen • nyh/ n'yeh • veen • nah*
It was an accident.	**To był wypadek.** *toh byhw vyh • pah • dehk*

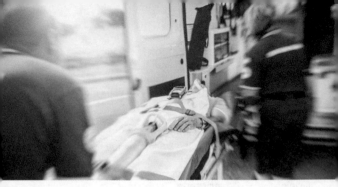

CRIME & LOST PROPERTY

I want to report…	**Chcę zgłosić…**
	htseh <u>zgwoh</u> • sh'eech'…
a mugging	**napad**
	<u>nah</u> • paht
a rape	**gwałt**
	gvahwt
a theft	**kradzież**
	<u>krah</u> • djyesh
I've been robbed/ mugged.	**Okradli/Napadli mnie.**
	oh • <u>krah</u> • dlee/nah • <u>pah</u> • dlee mn'yeh
I've lost my…	**Zgubiłem…** *m/***Zgubiłam…** *f*
	zgoo • <u>bee</u> • wehm…/zgoo • <u>bee</u> • wahm…
My…has been stolen.	**Ukradli mi…**
	oo • <u>krah</u> • dlee mee…
luggage	**bagaż**
	<u>bah</u> • gahsh
backpack [rucksack]	**plecak**
	<u>pleh</u> • tsahk
bicycle	**rower**
	roh • vehr
camera	**aparat fotograficzny**
	ah • <u>pah</u> • raht foh • toh • grah • <u>feech</u> • nyh

video camera	**kamerę**
	kah • meh • reh
(rental [hire]) car	**(wynajęty) samochód**
	(vyh • nah • yen • tyh) sah • moh • hoot
laptop	**laptop**
	lahp • tohp
credit card	**kartę kredytową**
	kahr • teh kreh • dyh • toh • vohm
cell [mobile]	**komórkę**
phone	*koh • moor • keh*
jewelry	**biżuterię**
	bee • zhoo • tehr • yeh
money	**pieniądze**
	pyeh • n'yohn • dzeh
passport	**paszport**
	pahsh • pohrt
purse [handbag]	**torebkę**
	toh • rehp • keh
travelers checks	**czeki podróżne**
	cheh • kee pohd • roozh • neh
wallet	**portfel**
	pohrt • fehl
I need a police report.	**Muszę mieć raport z policji.**
	moo • sheh myehch' rah • pohrt
	spoh • leets • yee
Where is the British/ American/Irish embassy?	**Gdzie jest ambasada brytyjska/ amerykańska/ irlandzka?**
	gdj'yeh yehst ahm • bah • sah • dah
	bryh • tyhy • skah/
	ah • meh • ryh • kahn' • skah/
	eer • lahntskah

HEALTH

NEED TO KNOW

I'm sick [ill].	**Jestem chory** m/**chora** f.
	yeh • stehm hoh • ryh /hoh • rah
I don't feel well.	**Źle się czuję.**
	zh'leh sh'yeh choo • yeh
Is there an English-speaking doctor?	**Czy jest tu lekarz mówiący po angielsku?**
	chyh yehst too leh • kahsh moo • vyohn • tsyh poh ahn • gyehls • koo
It hurts here.	**Boli mnie tutaj.**
	boh • lee mn'yeh too • tay
I have a stomachache.	**Boli mnie brzuch.**
	boh • lee mn'yeh bzhooh

FINDING A DOCTOR

Can you recommend a doctor/dentist?	**Czy może pan polecić lekarza/ dentystę?**
	chyh moh • zheh pahn poh • leh • ch'eech' leh • kah • zhah/dehn • tyh • steh
Could the doctor come to see me here?	**Czy lekarz może przyjść mnie zbadać tutaj?**
	chyh leh • kash moh • zheh pshyhysh'ch' mn'yeh zbah • dach' too • tay
I need an English-speaking doctor.	**Potrzebuję lekarza mówiącego po angielsku.**
	poht • sheh • boo • yeh leh • kah • zhah moo • vyohn • tseh • goh poh ahn • gyehls • koo

What are the office [surgery] hours?	**Jakie są godziny przyjęć?** *yahk • yeh sohm goh • dj'ee • nyh pshyh • yehnch'*
Can I make an appointment…?	**Czy mogę zamówić wizytę…?** *chyh moh • geh zah • moo • veech' vee • zyh • teh…*
for today	**na dzisiaj** *nah dj'ee • sh'yahy*
for tomorrow	**na jutro** *nah yoo • troh*
as soon as possible	**na jak najbliższy termin** *nah yahk nahy • bleesh • shyh tehr • meen*
It's urgent.	**To jest pilne.** *toh yest peel • neh*
It's an emergency.	**To nagły wypadek.** *toh nah • gwyh vyh • pah • dehk*

SYMPTOMS

I'm…	**Mam…** *mahm…*
bleeding	**krwotok** *krfoh • tohk*
constipated	**zaparcie** *zah • pahr • ch'yeh*
dizzy	**zawroty głowy** *zah • vroh • tyh gwoh • vyh*
nauseous	**mdłości** *mdwosh' • ch'ee*
I'm vomiting.	**Wymiotuję.** *vyh • myoh • too • yeh*
It hurts here.	**Boli mnie tutaj.** *boh • lee mn'yeh too • tay*
I have…	**Mam…** *mahm…*

an allergic reaction	**reakcję alergiczną** *reh • ahk • tsyeh ah • lehr • geech • nohm*
chest pain	**bóle w klatce piersiowej** *boo • leh f klaht • tseh pyehr • sh'yoh • vey*
a fever	**gorączkę** *goh • rohnch • keh*
pain	**bóle** *boo • leh*
a rash	**wysypkę** *vyh • syhp • keh*
a sprain	**zwichnięcie** *zvee • hn'yehn' • ch'yeh*
some swelling	**opuchliznę** *oh • poo • hleez • neh*
sunstroke	**udar słoneczny** *oo • dahr swoh • nehch • nyh*
I have…	**Boli mnie…** *boh • lee mn'yeh…*
an earache	**ucho** *oo • hoh*
a stomachache	**brzuch** *bzhooh*
a headache	**głowa** *gwoh • vah*
I've been sick for… days.	**Źle się czuję od…dni.** *zh'leh sh'yeh choo • yeh oht…dn'yee*

For Numbers, see page 20.

YOU MAY HEAR...

W czym problem?
fchyhm proh•blehm

What's wrong?

Gdzie boli?
gdj'yeh boh•lee

Where does it hurt?

Czy boli tutaj?
chyh boh•lee too•tay

Does it hurt here?

Czy przyjmuje pan regularnie leki?
chyh pshyhy•moo•yeh pahn reh•goo•lahr•n'yeh leh•kee

Are you on medication?

Czy jest pan na coś uczulony?
chyh yehst pahn nah tsosh' oo•choo•loh•nyh

Are you allergic to anything?

Proszę otworzyć usta.
proh•sheh oht•foh•zhyhch' oo•stah

Please open your mouth.

Oddychać głęboko.
ohd•dyh•hach' gwehm•boh•koh

Breathe deeply.

Pójdzie pan do szpitala.
pooy•dj'yeh pahn doh shpee•tah•lah

You must go to the hospital.

CONDITIONS

I'm...	**Mam...**
	mahm...
anemic	**anemię**
	ah • neh • myeh
asthmatic	**astmę**
	ahst • meh
diabetic	**cukrzycę**
	tsook • shyh • tseh
epileptic	**Mam padaczkę**
	mahm pah • dah • chkeh
I'm allergic to antibiotics/ penicillin.	**Mam uczulenie na antybiotyki/ penicylinę.**
	Mahm oo • choo • leh • n'yeh nah ahn • tyh • byoh • tyh • kee/ peh • nee • tsyh • lee • neh
I have arthritis.	**Mam artretyzm.**
	mahm ahr • treh • tyhsm
I have high/low blood pressure.	**Mam wysokie/niskie ciśnienie.**
	mahm vyh • soh • kyeh/nees • kyeh ch'eesh' • n'yeh • n'yeh
I have a heart condition.	**Choruję na serce.**
	hoh • roo • yeh na sehr • tseh
I'm on...	**Zażywam...**
	zah • zhyh • vahm...

For Dietary Requirements, see page 167.

TREATMENT

Do I need a prescription/ medicine?	**Czy potrzebuję lekarstwa/recepty?**
	chyh poh • tzheh • boo • yeh leh • kahrs • tfah/ reh • tsehp • tyh

Can you prescribe a generic drug [unbranded medication]?	**Czy mogę prosić o przepisanie leku generycznego [niemarkowego]?**
	chyh • moh • geh proh • sh'eech' oh psh'eh • pee • sah • nyeh leh • koo geh • neh • ryhch • neh • goh (n'ye • mahr • koh • veh • goh)
Where can I get it?	**Gdzie to mogę dostać?**
	Gdj'yeh toh moh • geh doh • stahch'

For Pharmacy, see page 151.

HOSPITAL

Please notify my family.	**Proszę zawiadomić moją rodzinę.**
	proh • sheh zah • vyah • doh • meech' moh • yohm roh • dj'ee • neh
I'm in pain.	**Boli mnie.**
	boh • lee mn'yeh
I need a doctor/ nurse.	**Potrzebuję lekarza/pielęgniarki.**
	poh • tsheh • boo • yeh leh • kah • zhah/ pyeh • lehng • n'yahr • kee
When are visiting hours?	**Jakie są godziny odwiedzin?**
	yah • kyeh sohm goh • dj'ee • nyh ohd • vyeh • dj'een
I'm visiting…	**Odwiedzam…**
	ohd • vyeh • dzahm…

YOU MAY HEAR…

Musimy zrobić rentgen.	We must X-ray
moo • sh'ee • myh zroh • beech' rehnt • gehn	you.
Proszę podpisać zgodę na operację.	Please sign the
proh • sheh poht • pee • sahch' zgoh • deh nah oh • peh • rah • tsyeh	consent for surgery.

DENTIST

I've lost a filling.	**Wypadła mi plomba.** *vyh • pahd • wah mee plohm • bah*
I've lost a tooth.	**Wypadł mi ząb.** *vyh • pahdw mee zohmp*
I have a toothache.	**Boli mnie ząb.** *boh • lee mn'yeh zohmp*
Can you fix this denture?	**Czy da się naprawić tę protezę?** *chyh dah sh'yeh nah • prah • veech' teh proh • teh • zeh*
I'd like an anesthetic.	**Poproszę znieczulenie.** *poh • proh • sheh zn'yeh • choo • leh • n'yeh*

GYNECOLOGIST

I have menstrual cramps/a vaginal infection.	**Mam bóle miesiączkowe/infekcję pochwy.** *mahm boo • leh myeh • sh'yohn • chkoh • veh/ een • fehk • tsyeh poh • hfyh*
I missed my period.	**Spóźnia mi się okres.** *spoo • zh'n'yah mee sh'yeh ohk • rehs*
I'm on the pill.	**Biorę pigułki antykoncepcyjne.** *byoh • reh pee • goow • kee ahn • tyh • kohn • tsep • tsyhy • neh*
I'm (not) pregnant.	**(Nie) Jestem w ciąży.** *(n'yeh) yehs • tehm fch'yohn • zhyh*
I haven't had my period for…months.	**Nie miałam okresu od…miesięcy.** *n'yeh myah • wahm oh • kreh • soo oht… myeh • sh'yen • tsyh*

For Numbers, see page 20.

OPTICIAN

I've lost…	**Zgubiłem** m/**Zgubiłam** f …
	zgoo • bee • wehm/zgoo • bee • wahm …
a contact lens	**soczewkę kontaktową**
	soh • chehf • keh kohn • tahk • toh • vohm
my glasses	**okulary**
	oh • koo • lah • ryh
a lens	**soczewkę**
	soh • chef • keh

PAYMENT & INSURANCE

How much?	**Ile to kosztuje?**
	ee • leh toh kohsh • too • yeh
Can I pay by credit card?	**Czy mogę zapłacić kartą kredytową?**
	chyh moh • geh zah • pwah • ch'eech'
	kahr • tohm kreh • dyh • toh • vohm
I have insurance.	**Mam ubezpieczenie.**
	mam oo • behs • pyeh • che • n'yeh
Can I have a receipt for my insurance?	**Czy mogę dostać pokwitowanie dla mojego ubezpieczenia?**
	chyh moh • geh dohs • tach'
	poh • kfee • toh • vah • n'yeh
	dlah moh • yeh • goh
	oo • behs • pyeh • cheh • n'yah

For Money, see page 31.

PHARMACY

NEED TO KNOW

Where's the nearest (24-hour) pharmacy?	**Gdzie jest najbliższa apteka (całodobowa)?** *gdj'yeh yest nay • bleesh • sha ah • pteh • kah* *(tsah • woh • doh • boh • vah)*
What time does the pharmacy open/ close?	**O której otwierają/zamykają aptekę?** *oh ktoo • rey oht • fyeh • rah • yohm/ zah • myh • kah • yohm ah • pteh • keh*
What would you recommend for…?	**Co może mi pan polecić na…?** *tsoh moh • zheh mee pahn poh • leh • ch'eech' nah…*
How much do I take?	**Ile mam brać?** *ee • leh mahm brahch'*
Can you fill this prescription?	**Czy możecie zrealizować tę receptę?** *chyh moh • zheh • ch'yeh zreh • ah • lee • zoh • vach' teh reh • tsehp • teh*
I'm allergic to…	**Mam uczulenie na…** *mahm oo • choo • leh • n'yeh nah…*

WHAT TO TAKE

I'd like some medicine for…	**Poproszę lekarstwo na…** *poh • proh • sheh leh • kahrs • tfoh nah…*
a cold	**przeziębienie** *psheh • zh'yehm • byeh • n'yeh*

(i)

Pharmacies in Poland are easily identifiable by the sign **APTEKA** and a cross. Opening hours are generally from 9:00 a.m. to 6:00 p.m.; some operate around the clock. The names and locations of these 24-hour pharmacies are posted on the doors and windows of other pharmacies. You will need a prescription for drugs not available over the counter. Most pharmacies nowadays sell toiletries and cosmetics, too.

a cough	**kaszel**
	kah • shehl
a headache	**ból głowy**
	boohl _gwoh_ • vyh
diarrhea	**biegunkę**
	byeh • _goon_ • keh
the flu	**grypę**
	gryh • peh
motion [travel] sickness	**chorobę lokomocyjną**
	hoh • _roh_ • beh
	loh • koh • moh • _tsyhy_ • nohm
a sore throat	**ból gardła**
	bool _gahr_ • dwah
a toothache	**ból zęba**
	boohl zehm • bah
an upset stomach	**rozstrój żołądka**
	rohs • strooy zhoh • _wohnt_ • kah
How much should I take?	**Ile mam wziąć?**
	_ee_ • leh mahm vzh'yonch'
How often should I take it?	**Jak często mam to brać?**
	yahk _chehn_ • stoh mahm toh brahch'
Is it suitable for children?	**Czy to jest odpowiednie dla dzieci?**
	chyh toh yest oht • poh • _vyehd_ • n'yeh dlah _dj'yeh_ • ch'ee

I'm on…	**Biorę…**
	byoh • reh…
Are there side effects?	**Czy są jakieś efekty uboczne?**
	chyh sohm <u>yah</u> • kyesh' eh • <u>fehk</u> • tyh oo • <u>bohch</u> • neh

---

YOU MAY HEAR…

RAZ/TRZY RAZY DZIENNIE	once/three times a day
TABLETKA	tablet
KROPLA	drop
ŁYŻECZKA	teaspoon
PRZED POSIŁKIEM	before meals
PO/W TRAKCIE POSIŁKU	after/with meals
NA CZCZO	on an empty stomach
POŁYKAĆ W CAŁOŚCI	swallow whole
MOŻE POWODOWAĆ SENNOŚĆ	may cause drowsiness
WYŁĄCZNIE DO UŻYTKU ZEWNĘTRZNEGO	for external use only

BASIC SUPPLIES

I'd like…	**Poproszę…**
	poh • <u>proh</u> • sheh…
acetaminophen [paracetamol]	**paracetamol**
	pah • rah • tseh • <u>tah</u> • mohl
antiseptic cream	**krem aseptyczny**
	krehm ah • sehp • <u>tyhch</u> • nyh
aspirin	**aspirynę**
	ah • spee • <u>ryh</u> • neh

a bandage	**bandaż**
	bahn • dahzh
a comb	**grzebień**
	gzheh • byen'
condoms	**prezerwatywy**
	preh • zehr • vah • tyh • vyh
contact lens solution	**płyn do soczewek kontaktowych**
	pwyhn doh soh • cheh • vehk kohn • tahk • toh • vyh
deodorant	**dezodorant**
	deh • zoh • doh • rahnt
a hairbrush	**szczotkę do włosów**
	shchoht • keh doh vwoh • soof
hair spray	**lakier do włosów**
	lah • kyehr doh vwoh • soof
ibuprofen	**ibuprofen**
	ee • boo • proh • fehn
insect repellent	**środek na owady**
	sh'roh • dehk nah oh • vah • dyh
lotion	**balsam**
	bahl • sahm
a nail file	**pilnik do paznokci**
	peel • n'eek doh pahz • nohk • ch'ee
painkillers	**środki przeciwbólowe**
	sh'roht • kee psheh • ch'eef • boo • loh • veh
a (disposable) razor	**(jednorazową) maszynkę do golenia**
	(yehd • noh • rah • zoh • vohm) mah • shyhn • keh doh goh • leh • n'yah
razor blades	**żyletki**
	zhyh • leht • kee
sanitary napkins [towels]	**podpaski**
	poht • pahs • kee
shampoo/ conditioner	**szampon/odżywkę**
	shahm • pohn/ohd • zhyhf • keh

soap	**mydło**
	myh • dwoh
sunscreen	**krem do opalania**
	krehm doh oh • pah • lah • n'yah
tampons	**tampony**
	tahm • poh • nyh
tissues	**chusteczki papierowe**
	hoos • tech • kee pahp • yeh • roh • veh
toilet paper	**papier toaletowy**
	pah • pyehr toh • ah • leh • toh • vyh
a toothbrush	**szczoteczkę do zębów**
	shchoh • tech • keh doh zehm • boof
toothpaste	**pastę do zębów**
	pah • steh doh zehm • boof

For Baby Essentials, see page 134.

CHILD HEALTH & EMERGENCY

Can you recommend a pediatrician?	**Czy może pan polecić pediatrę?**
	chyh moh • zheh pahn poh • leh • ch'eech' peh • dyaht • reh
My child is allergic to...	**Moje dziecko ma uczulenie na...**
	moh • yeh dj'yeh • tskoh mah oo • choo • leh • n'yeh nah...
My child is missing.	**Moje dziecko się zgubiło.**
	moh • yeh dj'yeh • tskoh sh'yeh zgoo • bee • woh
Have you seen a boy/girl?	**Czy widział pan chłopca/dziewczynkę?**
	chyh vee • dj'yahw pahn hwohp • tsah/ dj'yehv • chyhn • keh

For Police, see page 140.

DISABLED TRAVELERS

NEED TO KNOW

Is there...?	**Czy jest...?**
	chyh yehst...
access for the disabled	**dostęp dla niepełnosprawnych**
	<u>dohs</u> • tehmp dlah
	n'yeh • pehw • noh • <u>sprahv</u> • nyhh
a wheelchair ramp	**podjazd dla wózków inwalidzkich**
	<u>pohd</u> • yahst dlah <u>voos</u> • koof
	een • vah • <u>leets</u> • keeh
a disabled-accessible toilet	**toaleta dla niepełnosprawnych**
	toh • ah • <u>leh</u> • tah dlah
	n'yeh • pew • noh • <u>sprahv</u> • nyhh
I need...	**Potrzebuję...**
	poh • tsheh • <u>boo</u> • yeh...
assistance	**pomocy**
	poh • <u>moh</u> • tsyh
an elevator [lift]	**windy**
	<u>veen</u> • dyh
a ground-floor room	**pokoju na parterze**
	poh • <u>koh</u> • yoo nah pahr • <u>teh</u> • zheh

ASKING FOR ASSISTANCE

I'm disabled.	**Jestem nepełnosprawny** *m/* **niepełnosprawna** *f.*
	<u>yehs</u> • tehm
	n'yeh • pehw • noh • <u>sprahv</u> • nyh/
	n'yeh • pehw • noh • <u>sprahv</u> • nah

I'm deaf.	**Jestem głuchy** m/**głucha** f.
	yehs • tehm gwoo • hyh/gwoo • hah
I'm visually/hearing impaired.	**Niedowidzę./Niedosłyszę.**
	n'yeh • doh • _vee_ • dzeh/
	n'yeh • doh • _swyh_ • sheh
I'm unable to walk far/use the stairs.	**Nie mogę dużo chodzić/chodzić po schodach.**
	n'yeh moh • geh _doo_ • zhoh _hoh_ • dj'eech'/
	hoh • dj'eech' poh s • _hoh_ • dahh
Can I bring my wheelchair?	**Czy mogę być na wózku inwalidzkim?**
	chyh _moh_ • geh byhch' nah _voos_ • koo
	een • vah • _leets_ • keem
Are guide dogs permitted?	**Czy mogę być z psem przewodnikiem?**
	chyh _moh_ • geh byhch' spsehm
	psheh • vohd • _n'ee_ • kyem
Can you help me?	**Czy może mi pan pomóc?**
	chyh _moh_ • zheh mee pahn _poh_ • moots
Please open/hold the door.	**Proszę otworzyć/przytrzymać drzwi.**
	proh • sheh oht • _foh_ • zhyhch'/
	pshyh • _tshyh_ • mahch' djvee

For Emergencies, see page 138.

a restaurant	**restaurację**	*rehs • tahw • rahts • yeh*
a bar	**bar**	*bahr*
a cafe	**kawiarnię**	*kah • vyahr • n'yeh*
a fast-food place	**fast-food**	*fahst • foot*
n ice-cream rlor	**lodziarnię**	*loh • dj'yahr • n'yeh*
ub	**pub**	*pahp*

eap urant	**niedroga restauracja**
	n'yeh • droh • gah rehs • tahw • rahts • yah
pensive rant	**droga restauracja**
	droh • gah rehs • tahw • rahts • yah
urant with view	**restauracja z dobrym widokiem**
	rehs • tahw • rahts • yah zdohb • ryhm
	vee • doh • kyehm
ntic/ risty	**tradycyjna restauracja/**
	restauracja lubiana przez miejscowych
	trah • dyh • tsyhy • nah
	rehs • tahw • rahts • yah/
	rehs • tahw • rahts • yah loo • byah • nah
	pshez myehys • tsoh • vyh

SERVATIONS & PREFERENCES

Chciałbym *m*/**Chciałabym** *f*
zarezerwować stolik...
hch'yahw • byhm/hch'yah • wah • byhm
zah • reh • zehr • voh • vahch' stoh • leek...
dla dwóch osób
dlah dvooh oh • soop

EATING OUT

NEED TO KNOW

Can you recommend a good restaurant/cafe?	**Czy może mi pan polecić dobrą restaurację/kawiarnię?** *chyh moh • zheh mee pahn poh • leh • ch'eech' dohb • rohm rehs • tahw • rahts • yeh/ kah • vyahr • n'yeh*
Is there a traditional Polish/an inexpensive restaurant nearby?	**Czy jest tu gdzieś w pobliżu tradycyjna polska/niedroga restauracja?** *chyh yehst too gdj'yehsh' fpoh • blee • zhoo trah • dyh • tsyhy • nah pohls • kah/n'yeh • droh • gah rehs • tahw • rahts • yah*
A table for one/two, please.	**Stolik dla jednej osoby/dwóch osób, proszę.** *stoh • leek dlah yehd • nehy oh • soh • byh/dvooh oh • soop proh • sheh*
Can we sit...?	**Możemy usiąść...?** *moh • zheh • myh oo • sh'yohn'sh'ch'...*
here/there	**tu/tam** *too/tahm*
outside	**na zewnątrz** *nah zehv • nohntsh*
in a non-smoking area	**w części dla niepalących** *fchehn'sh' • ch'ee dlah n'yeh • pah • lohn • tsyhh*

Where are the toilets?	**Gdzie są toalety?** *gdj'yeh sohm toh • ah • leh • tyh*
Can I have a menu?	**Mogę prosić menu?** *moh • geh proh • sh'eech' meh • n'*
What do you recommend?	**Co może pan polecić?** *tsoh moh • zheh pahn poh • leh • ch'eech'*
I'd like...	**Poproszę...** *poh • proh • sheh...*
Some more..., please.	**Poproszę trochę więce** *poh • proh • sheh troh • vyehn • tsehy...*
Enjoy your meal.	**Smacznego.** *smahch • neh • goh*
The check [bill], please.	**Poproszę rachu** *poh • proh • shel*
Is service included?	**Czy obsługa j** *chyh ohp • sw vlee • choh •*
Can I pay by credit card?	**Czy mog** *chyh moh kahr • to*
Can I have a receipt?	**Czy m** *chyh pah*
Thank you.	**Dz**

RE

I'd like to reserve a table...

for two

Can you recommend...?

Czy
chyh moh

for this evening	**na dziś wieczór**
	nah dj'eesh' <u>vyeh</u> • choor
for tomorrow at…	**na jutro na…**
	nah <u>yoot</u> • roh nah…
A table for two, please.	**Proszę stolik dla dwóch osób.**
	<u>proh</u> • sheh <u>stoh</u> • leek dlah dvooh oh • soop
I have a reservation.	**Mam rezerwację.**
	mahm reh • zehr • <u>vahts</u> • yeh
My name is…	**Nazywam się…**
	nah • <u>zyh</u> • vahm sh'yeh…
Can we sit…?	**Możemy usiąść…?**
	moh • <u>zheh</u> • myh <u>oo</u> • sh'yohn'sh'ch'…
here/there	**tu/tam**
	too/tahm
outside	**na zewnątrz**
	nah <u>zehv</u> • nohntsh
in a non-smoking area	**w części dla niepalących**
	<u>fchehnsh'</u> • ch'ee dlah n'yeh • pah • <u>lohn</u> • tsyhh

---

YOU MAY HEAR…

Czy ma pan rezerwację?	Do you have a reservation?
chyh mah pahn reh • zehr • <u>vahts</u> • yeh	
Dla ilu osób?	For how many?
dlah <u>ee</u> • loo oh • soop	
Co podać?	What would you like?
tsoh <u>poh</u> • dahch'	
Polecam…	I recommend…
poh • <u>leh</u> • tsahm…	
Smacznego.	Enjoy your meal.
smahch • <u>neh</u> • goh	

by the window	**przy oknie**
	pshyh <u>ohk</u> • n'yeh
in the shade	**w cieniu?**
	<u>fch'yeh</u> • n'yoo
in the sun	**w słońcu?**
	<u>fswhon'</u> • tsoo
Where are the toilets?	**Gdzie są toalety?**
	gdj'yeh sohm toh • ah • <u>leh</u> • tyh

HOW TO ORDER

Excuse me!	**Przepraszam!**
	psheh • <u>prah</u> • shahm
I'm ready to order.	**Chciałbym** m**/Chciałabym** f **już zamówić.**
	<u>hch'yahw</u> • byhm/<u>hch'yah</u> • wah • byhm yoosh zah • <u>moo</u> • veech'
May I see the wine list?	**Mogę prosić kartę win?**
	moh • geh <u>proh</u> • sheech' <u>kahr</u> • teh veen
I'd like…	**Poproszę…**
	poh • <u>proh</u> • sheh…
a bottle of…	**butelkę…**
	boo • <u>tehl</u> • keh…
a carafe of…	**karafkę…**
	kah • <u>rahf</u> • keh…
a glass of wine	**kieliszek wina**
	kyeh • <u>lee</u> • shehk <u>vee</u> • nah
a glass of water	**szklankę wody**
	<u>shklahn</u> • keh voh • dyh
Can I have a menu?	**Mogę prosić menu?**
	moh • geh <u>proh</u> • sh'eech' meh • <u>n'ee</u>
Do you have…?	**Czy mają państwo…?**
	chyh <u>mah</u> • yohm <u>pahn's</u> • tfoh…
a menu in English	**menu po angielsku**
	meh • <u>n'ee</u> poh ahn • <u>gyehls</u> • koo

👁

YOU MAY SEE...

DANIA DNIA	menu of the day
OBSŁUGA (NIE)WLICZONA W CENĘ	service (not) included
SZEF KUCHNI POLECA	specials

a fixed-price menu	**zestawy**	
	zehs • tah • vyh	
a children's menu	**dania dla dzieci**	
	dah • n'yah dlah dj'yeh • ch'ee	
What do you recommend?	**Co może pan polecić?**	
	tsoh moh • zheh pahn poh • leh • ch'eech'	
What's this?	**Co to jest?**	
	tso toh yehst	
What's in it?	**Z czego to jest zrobione?**	
	scheh • goh toh yehst zroh • byoh • neh	
Is it spicy?	**Czy to jest ostre?**	
	chyh toh yehst oh • streh	
I'd like...	**Poproszę...**	
	poh • proh • sheh...	
More...please.	**Poproszę więcej...**	
	poh • proh • sheh vyehn • tsehy...	
With/Without... please.	**Poproszę z/bez...**	
	poh • proh • sheh z/behs...	
I can't eat...	**Nie mogę jeść...**	
	n'yeh moh • geh yehsh'ch'...	
rare	**krwisty**	
	krfees • tyh	
medium	**średnio wysmażony**	
	sh'rehd • n'yoh vyhs • mah • zhoh • nyh	
well-done	**dobrze wysmażony**	
	dohb • zheh vyhs • mah • zhoh • nyh	

It's to go [take away]. **Na wynos, poproszę.**

nah _vyh_ • nohs poh • _proh_ • sheh

For Drinks, see page 188.

COOKING METHODS

baked	**pieczony**
	pyeh • _choh_ • nyh
boiled	**gotowany**
	goh • toh • _vah_ • nyh
braised	**duszony**
	doo • _shoh_ • nyh
breaded	**panierowany**
	pah • n'yeh • roh • _vah_ • nyh
creamed	**starty**
	stahr • tyh
diced	**pokrojony w kostkę**
	poh • kroh • _yoh_ • nyh _fkohs_ • tkeh
filleted	**filet**
	fee • leht
fried	**smażony**
	smah • _zhoh_ • nyh
grilled	**grillowany**
	gree • loh • _vah_ • nyh
poached	**z wody**
	zvoh • dyh
roasted	**pieczony**
	pyeh • _choh_ • nyh
sautéed	**smażony sauté**
	smah • _zhoh_ • nyh soh • teh
smoked	**wędzony**
	vehn • _dzoh_ • nyh
steamed	**gotowany na parze**
	*goh • toh • _vah_ • nyh nah pah • _zheh_*

stewed	**duszony**
	doo • shoh • nyh
stuffed	**faszerowany**
	fah • sheh • roh • vah • nyh

DIETARY REQUIREMENTS

I'm…	**Jestem…**
	yehs • tehm…
allergic to…	**uczulony na…**
	oo • choo • loh • nyh nah…
diabetic	**cukrzykiem**
	yehs • tehm tsook • shyh • kyehm
lactose intolerant	**Mam nietolerancję laktozy**
	mahm n'yeh • toh • leh • rahn • tsyeh
	lahk • toh • zyh
vegetarian	**wegetarianinem** *m*/**wegetarianką** *f*
	veh • geh • tahr • yah • n'ee • nehm/
	veg • geh • tah • ryahn • kohm
vegan	**weganinem** *m*/**weganką** *f*
	veh • gah • n'ee • nehm/veh • gahn • kohm
I can't eat…	**Nie mogę jeść…**
	n'yeh moh • geh yehsh'ch'…
dairy products	**produktów mlecznych**
	proh • dook • toof mlehch • nyhh
gluten	**glutenu**
	gloo • teh • noo
nuts	**orzechów**
	oh • zheh • hoof
pork	**wieprzowiny**
	vyehp • shoh • vee • nyh
shellfish	**owoców morza**
	oh • voh • tsoof moh • zhah
spicy food	**pikantnych potraw**
	pee • kahnt • nyhh poht • rahf

wheat	**pszenicy**
	psheh • _n'ee_ • _tsyh_
Is it halal/kosher?	**Czy to jest halal/koszerne?**
	chyh toh yehst hah • lahl/koh • shehr • neh
Do you have…?	**Czy mają państwo…?**
	chyh mah • yohm pahn's • tfoh…
skimmed milk	**mleko odtłuszczone**
	mleh • koh ohd • twoosh • choh • neh
whole milk	**mleko pełne**
	mleh • koh pehw • neh
soya milk	**mleko sojowe**
	mleh • koh soh • yoh • veh

DINING WITH CHILDREN

Do you have children's portions?	**Mają państwo porcje dla dzieci?**
	mah • yohm pahn's • tfoh pohr • tsyeh dlah dj'yeh • ch'ee
Can I have a highchair/child's seat?	**Mógłbym** _m_/**Mogłabym** _f_ **dostać wysokie krzesełko/krzesełko dla dziecka?**
	moogw • byhm/moh • gwah • byhm dohs • tahch' vyh • soh • kyeh ksheh • sehw • koh/ksheh • sehw • koh dlah dj'yehts • kah
Where can I feed/ change the baby?	**Gdzie mogę nakarmić/przewinąć dziecko?**
	gdj'yeh moh • geh nah • kahr • meech'/ psheh • vee • nohn'ch' dj'yehts • koh
Can you warm this?	**Może pan to podgrzać?**
	moh • zheh pahn toh pohd • gzhahch'

For Traveling with Children, see page 132.

HOW TO COMPLAIN

When will our food be ready?	**Jak długo jeszcze będziemy czekać na nasze zamówienie?**
	yahk <u>dwoo</u> • goh <u>yehsh</u> • cheh behn' • <u>dj'yeh</u> • myh <u>cheh</u> • kahch' nah <u>nah</u> • sheh zah • moo • <u>vyeh</u> • n'yeh
We can't wait any longer.	**Nie możemy dłużej czekać.**
	n'yeh moh • <u>zheh</u> • myh <u>dwoo</u> • zhehy <u>cheh</u> • kach'
We're leaving.	**Wychodzimy.**
	vyh • hoh • <u>dj'ee</u> • myh
I didn't order this.	**Nie zamawiałem** m/**zamawiałam** f **tego.**
	n'yeh zah • mah • <u>vyah</u> • wehm/ zah • mah • <u>vyah</u> • wahm teh • goh
I ordered…	**Zamawiałem** m/**Zamawiałam** f…
	zah • mah • <u>vyah</u> • wehm/ zah • mah • <u>vyah</u> • wahm…
I can't eat this.	**Nie mogę tego jeść.**
	n'yeh <u>moh</u> • geh teh • goh yehsh'ch'
This is too…	**To jest za…**
	toh yehst zah…
cold/hot	**zimne/gorące**
	<u>zh'eem</u> • neh/goh • <u>rohn</u> • tseh
salty/spicy	**słone/ostre**
	<u>swoh</u> • neh/<u>ohs</u> • treh
tough/bland	**twarde/mdłe**
	<u>tfahr</u> • deh/mdweh
This isn't fresh.	**To jest nieświeże.**
	toh yehst n'yeh • <u>sh'fyeh</u> • zheh
This is dirty.	**To jest brudne.**
	toh yehst <u>brood</u> • neh

PAYING

The check [bill], please.	**Poproszę rachunek.** *poh • proh • sheh rah • hoo • nehk*
Separate checks [bills], please.	**Chcielibyśmy zapłacić osobno.** *hch'yeh • lee • byhsh' • myh* *zah • pwah • ch'eech' oh • sohb • noh*
It's all together.	**Proszę policzyć wszystko razem.** *proh • sheh poh • lee • chyhch' fshyhst • koh* *rah • zehm*
Is service included?	**Czy obługa jest wliczona w cenę?** *chyh ohp • swoo • gah yehst* *vlee • choh • nah ftseh • neh*
What's this amount for?	**Za co jest ta kwota?** *zah tsoh yehst tah kfoh • tah*
I didn't have that.	**Nie jadłem m/ jadłam f tego** *n'yeh yahd • wehm/ yahd • wahm teh • goh*
I had…	**Zjadłem m/zjadłam f …** *zyahd • wehm/ zyahd • wahm …*
Can I pay by credit card?	**Można płacić kartą kredytową?** *mohzh • nah pwah • ch'eech' kahr • tohm* *kreh • deeh • toh • vohm*
Can I have an itemized bill/ a receipt?	**Czy mogę dostać szczegółowy rachunek/pokwitowanie?** *chyh moh • geh dohs • tahch'* *shcheh • goo • woh • vyh rah • hoo • nehk/* *pohk • fee • toh • vah • n'yeh*
That was delicious.	**Bardzo mi smakowało.** *bahr • dzoh mee smah • koh • vah • woh*
I've already paid	**Już zapłaciłem m/zapłaciłam f.** *yoosh zah • pwah • ch'ee • wehm/* *zah • pwah • ch'ee • wahm*

ⓘ

It is customary to tip your server 10% of the total bill.
In more expensive restaurants the head waiter should also
be tipped.

MEALS & COOKING

ⓘ

Traditional Polish cuisine was influenced by the
climate and location of Poland. Many dishes owe much
to neighboring Russia, Germany and Hungary. Heavy
soup, meat with root and/or pickled vegetables, cabbage,
preserved fruit and dry and pickled mushrooms are still
popular. So too are dumpling and noodle dishes. Modern
Polish cuisine offers imaginative, healthy derivatives of
traditional dishes. Salads and healthy snacks are popular,
and vegetarian dishes are now common in restaurants.

BREAKFAST

boczek	bacon
boh • chehk	
bułki	rolls
boow • kee	
chleb	bread
hlehp	
dżem	jam
djehm	
herbata	tea
hehr • bah • tah	

jajecznica	scrambled eggs
yah•yehch•n'ee•tsah	
jajka sadzone	fried egg
*yahy•kah sah•dzoh•neh*s	
jajko na twardo/miękko	hard-boiled/
yahy•koh nah tfahr•doh/myehnk•koh	soft-boiled egg
jogurt	yogurt
yoh•goort	
kawa	coffee
kah•vah	
marmolada	marmalade
mahr•moh•lah•dah	
masło	butter
mahs•woh	
miód	honey
myoot	
mleko	milk
mleh•koh	
omlet	omelet
ohm•leht	
parówki	sausage
pah•roof•kee	
płatki śniadaniowe	cereal
pwaht•kee shn'yah•dah•n'yoh•veh	
ser	cheese
sehr	

ⓘ

Śniadanie (breakfast) is usually served between 07:00 and 10:00 a.m. **Obiad** (lunch) is the main meal, traditionally enjoyed between 1:00 and 5:00 p.m., but with changing working habits more and more people have their main meal in the evening. **Kolacja** (supper) is typically served from 6:00 p.m. onwards.

tost
tohst

toast

woda
voh • dah

water

APPETIZERS

grillowany oscypek
gree • loh • vah • nyh ohs • tsyh • pehk

grilled and smoked ewe's milk cheese

grzybki marynowane
gzhyhp • kee mah • ryh • noh • vah • neh

marinated wild mushrooms

naleśniki z kapustą i grzybami
nah • lehsh' • n'ee • kee skah • poos • tohm ee gzhyh • bah • mee

thin pancakes with sauerkraut and mushrooms

pieczarki w śmietanie
pyeh • chahr • kee fsh'myeh • tah • n'yeh

mushrooms in a cream sauce

sałatka
sah • waht • kah

mixed salad

sałatka jarzynowa
sah • waht • kah yah • zhyh • noh • vah

mixed vegetable salad in mayonnaise

sałatka pomidorowa z cebulą
sah • waht • kah poh • mee • doh • roh • vah stseh • boo • lohm

tomato and onion salad potato salad

sałatka ziemniaczana
sah • waht • kah zh'yehm • n'yah • chah • nah

śledź w oleju
sh'lehdj' voh • leh • yoo

herring in oil

śledź w śmietanie
sh'lehch' fsh'myeh • tah • n'yeh

herring in sour cream

węgorz wędzony
vehn • gohsh vehn • dzoh • nyh

smoked eel

SOUP

barszcz czerwony *bahrshch chehr • voh • nyh*	beet soup
bulion z pasztecikiem *bool • yohn spahsh • teh • ch'ee • kyehm*	consommé with meat-filled pastries
chłodnik z botwinki *hwohd • n'eek sboht • feen • kee*	a cold soup with sour cream, beets and dill, served with boiled eggs
grochówka *groh • hoof • kah*	pea soup
jarzynowa *yah • zhyh • noh • vah*	vegetable soup
kapuśniak *kah • poo • sh' • n'yahk*	sauerkraut soup
ogórkowa *oh • goor • koh • vah*	pickled cucumber soup
pomidorowa z ryżem/makaronem *poh • mee • doh • roh • vah z ryh • zhehm/ mah • kah • roh • nehm*	tomato soup with rice/noodles
rosół (z kury) *roh • soow (skoo • ryh)*	(chicken) broth
szczawiowa *shchah • vyoh • vah*	sorrel soup with boiled eggs
żurek (z białą kiełbasą) *zhoo • rehk (zbyah • whom kyehw • bah • sohm)*	sour rye soup (with white sausage)

FISH & SEAFOOD

dorsz *dohrsh*	cod

flądra
flohn • drah

flounder [plaice]

homar *hoh • mahr*

lobster

karp
kahrp

carp

karp po żydowsku
kahrp poh zhyh • doh • skoo

carp Jewish style: seasoned and cooked in beer

karp smażony
kahrp smah • zhoh • nyh

fried carp

krewetki
kreh • veht • kee

shrimp [prawns]

leszcz *lehshch*

bream

łosoś
woh • sohsh'

salmon

łupacz
woo • pahch'

haddock

makrela
mahk • reh • lah

mackerel

owoce morza
oh • voh • tseh moh • zhah

seafood

pstrąg
pstrohnk

trout

rak
rahk

crayfish

ryba
ryh • bah

fish

sandacz
sahn • dahch

perch

sandacz po polsku
sahn • dahch poh pohls • koo

perch in vegetable stock served with boiled eggs

śledź
sh'lehch'

herring

szczupak (faszerowany)	(stuffed) pike
shchoo • pahk (fah • sheh • roh • vah • nyh)	
tuńczyk	tuna
toon' • chyhk	
węgorz	eel
vehn • gohsh	

MEAT & POULTRY

baranina	mutton
bah • rah • n'eeh • nah	
bigos	sauerkraut with
bee • gohs	meat, prunes and
	mushrooms
boczek	bacon
boh • chehk	
cielęcina	veal
ch'yeh • lehn' • ch'ee • nah	
drób	poultry
droop	
gęś	goose
gehn'sh'	

gołąbki
goh • wohmp • kee

cabbage leaves stuffed with ground meat and rice

golonka
goh • lohn • kah

pork shank

gulasz wieprzowy
goo • lahsh vyehp • shoh • vyh

chopped pork with onions, pepper, garlic and tomato purée

indyk
een • dyhk

turkey

jagnię
yahg • n'yeh

lamb

kaczka
kahch • kah

duck

kaczka pieczona z jabłkami
kahch • kah pyeh • choh • nah zyahp • kah • mee

roast duck with apples

kiełbasa
kyehw • bah • sah

sausage

klopsy
klohp • syh

meatballs

kluski śląskie
kloos • kee sh'lohns • kyeh

Silesian dumplings

kotlety schabowe
koht • leh • tyh s • hah • boh • veh

breaded pork chops

kurczak
koor • chahk

chicken

mięso
myehn • soh

meat

ozór
oh • zoor

tongue

pierogi z...
pyeh • roh • gee z...

dumplings stuffed with...

  mięsem
  myehn • sehm

meat

schab pieczony ze śliwkami	roast pork loin with
s • hahp pyeh • _choh_ • nyh zeh	prunes
sh'leef • _kah_ • mee	
stek	steak
stehk	
szynka	ham
shyhn • kah	
wieprzowina	pork
vyehp • shoh • _vee_ • nah	
wołowina	beef
voh • woh • _vee_ • nah	
zrazy	rolled beef fillets
zrah • zyh	

VEGETABLES & STAPLES

bakłażan	eggplant [aubergine]
bahk • _wah_ • zhahn	
brokuł	broccoli
broh • _koow_	
brukselka	Brussel sprout
brook • _sehl_ • kah	
burak	beet
boo • rahk	
cebula	onion
tseh • _boo_ • lah	
cukinia	zucchini [courgette]
tsoo • _kee_ • n'yah	
czosnek	garlic
chohs • nehk	
fasolka szparagowa	green bean
fah • _sohl_ • kah shpah • rah • _goh_ • vah	
groszek	pea
groh • shehk	

jarzyna   vegetable
yah • zhyh • nah

kalafior   cauliflower
kah • lah • fyohr

kapusta   cabbage
kah • poos • tah

knedle ze śliwkami   dumplings stuffed
knehd • leh zeh sh'leef • kah • mee   wi

leniwe pierogi   large dumplings
leh • n'ee • veh pyeh • roh • gee   made with flour,
  potatoes and curd
  cheese

marchew   carrot
mahr • hehf

mieszane jarzyny   mixed vegetables
myeh • shah • neh yah • zhyh • nyh

ogórek   cucumber
oh • goo • rehk

papryka   pepper
pahp • ryh • kah

pieczarka/grzyb   mushroom/wild
pyeh • chahr • kah/gzhyhb   mushroom

pierogi z...   dumplings stuffed
pyeh • roh • gee z...   with...

  grzybami   mushrooms
  gzhyh • bah • mee

  kapustą   sauerkraut
  kah • poos • tohm

  serem   curd cheese
  seh • rehm

  owocami   fruit
  oh • voh • tsah • mee

pierogi ruskie   potato and curd
pyeh • roh • gee roos • kyeh   cheese dumplings

placki ziemniaczane — potato pancakes
plahts • keezyehm • n'yah • chah • neh

pomidor — tomato
poh • mee • dohr

rzepa — turnip
zheh • pah

sałata — lettuce
sah • wah • tah

seler naciowy — celery
seh • lehr nah • ch'yoh • vyh

ziemniak — potato
z'yehm • n'yahk

chleb — bread
hlehp

ryż — rice
ryhsh

mąka (pszenna) — (wheat) flour
mohn • kah (pshehn • nah)

makaron — pasta
mah • kah • rohn

cukier — sugar
tsoo • kyehr

FRUIT

agrest — gooseberry
ahg • rehst

ananas — pineapple
ah • nah • nahs

arbuz — watermelon
ahr • boos

banan — banana
bah • nahn

brzoskwinia — peach
bzhohs • kfee • n'yah

cytryna	lemon
tsyh • tryh • nah	
czereśnia	cherry
cheh • resh' • n'yah	
grejpfrut	grapefruit
grehyp • froot	
jabłko	apple
yahp • koh	
limonka	lime
lee • mohn • kah	
malina	raspberry
mah • lee • nah	
morela	apricot
mo • reh • lah	
owoce	fruit
oh • voh • tseh	
pomarańcza	orange
poh • mah • rahn' • chah	
porzeczka czarna/czerwona	black/red currant
poh • zhech • kah chahr • nah/	
chehr • voh • nah	
śliwka	plum
sh'leef • kah	
truskawka	strawberry
troos • kahf • kah	
winogrono	grape
vee • noh • groh • noh	

CHEESE

biały ser	cottage cheese
byah • wyh sehr	
bryndza	ewe's milk cheese
bryhn • dzah	

camembert	camembert
kah • mehm • behr	
ser	cheese
sehr	
ser pleśniowy	blue cheese
sehr plehsh' • n'yoh • vyh	
ser topiony	processed cheese
seh • ryh tohp • yoh • nyh	
ser żółty	hard cheese
seh • ryh zhoow • tyh	
twarożek	curd cheese
tfah • roh • zhehk	

DESSERT

deser	dessert
deh • sehr	
galaretka z bitą śmietaną	fruit jelly with
gah • lah • reht • kah zbee • tohm	whipped cream
sh'myeh • tah • nohm	
gruszki w syropie	pears in syrup
groosh • kee fsyh • roh • pyeh	
kompot owocowy	fruit compote
kohm • poht oh • voh • tsoh • vyh	

lody… ...ice cream
loh • dyh…

  czekoladowe chocolate
  cheh • koh • lah • doh • veh

  malinowe raspberry
  mah • lee • noh • veh

  pistacjowe pistachio
  pees • tats • yoh • veh

  śmietankowe cream flavored
  sh'myeh • tahn • koh • veh •

  truskawkowe strawberry
  troos • kahf • koh • veh

  waniliowe vanilla
  vah • n'eel • yoh • veh

murzynek chocolate cake with
moo • zhyh • nek chocolate icing

naleśniki thin pancakes
nah • lesh' • n'ee • kee

owoce z bitą śmietaną fruit with whipped
oh • voh • tseh zbee • tohm cream
sh'myeh • tah • nohm

racuchy z jabłkami small fried pancakes
rah • tsoo • hyh z yahp • kah • mee made with sliced
apples

sernik cheesecake
sehr • n'eek

szarlotka apple tart
shahr • loht • kah

SAUCES & CONDIMENTS

keczup ketchup
keh • choop

majonez mayonaise
mah • yoh • nehs

musztarda	mustard
moosh • tahr • dah	
oliwa	oil
oh • lee • vah	
pieprz	pepper
pyehpsh	
sól	salt
sool	
ocet	vinegar
oh • tseht	

AT THE MARKET

Where are the carts [trolleys]/baskets?	**Gdzie są wózki/koszyki?** *gdj'yeh sohm voos • kee/koh • shyh • kee*
Where is/are…?	**Gdzie jest/są…?** *gdj'yeh yehst/sohm…*
I'd like some of that/ this…	**Poproszę trochę tego/tamtego…** *poh • proh • sheh troh • heh teh • goh/ tahm • teh • goh…*
Can I taste it?	**Mogę spróbować?** *moh • geh sproo • boh • vahch'*
More/Less.	**Trochę więcej/mniej.** *troh • heh vyehn • tsehy/mn'yehy*
How much?	**Ile to kosztuje?** *ee • leh toh kohsh • too • yeh*
I'd like…	**Poproszę…** *poh • proh • sheh…*
a kilo/ half-kilo of…	**kilo/pół kilo…** *kee • loh/poow kee • loh…*
a liter/ half-liter of…	**litr/pół litra…** *leetr/poow leet • rah…*
a piece of…	**kawałek…** *kah • vah • wehk…*

a slice of…	**plasterek…**
	plahs • <u>teh</u> • rehk…
Where do I pay?	**Gdzie się płaci?**
	gdj'yeh sh'yeh <u>pwah</u> • ch'ee
A bag, please.	**Poproszę torbę.**
	poh • <u>proh</u> • sheh <u>tohr</u> • beh
I'm being helped.	**Już jestem obsługiwany** *m/*
	obsługiwana *f.*
	joosh <u>yehs</u> • tehm
	ohp • swoo • gee • <u>vah</u> • nyh/
	ohp • swoo • gee • <u>vah</u> • nah

For Money, see page 31.

ⓘ

Measurements in Europe are metric – and that applies to the weight of food too. If you tend to think in pounds and ounces, it's worth brushing up on what the metric equivalent is before you go shopping for fruit and veg in markets and supermarkets. Five hundred grams, or half a kilo, is a common quantity to order, and that converts to just over a pound (17.65 ounces, to be precise).

YOU MAY HEAR...

Czym mogę służyć? *chyhm moh • geh swoo • zhyhch'*	Can I help you?
Co dla pana? *tsoh dlah pah • nah*	What would you like?
Coś jeszcze? *tsohsh' yehsh • cheh*	Anything else?
To wszystko? *toh fshyhs • tkoh*	Is that all?
(To będzie)...złotych. *(toh behn • dj'yeh)...zwoh • tyhh*	(That's)...zlotys.

IN THE KITCHEN

bottle opener	**otwieracz do butelek** *oht • fyeh • rahch doh boo • teh • lehk*
bowl	**miska** *mees • kah*
can opener	**otwieracz do puszek** *oht • fyeh • rahch doh poo • shehk*
corkscrew	**korkociąg** *kohr • koh • ch'yohnk*
cup	**filiżanka** *fee • lee • zhahn • kah*
fork	**widelec** *vee • deh • lehts*
frying pan	**patelnia** *pah • tehl • n'yah*
glass (non-alcoholic/ alcoholic)	**szklanka/kieliszek** *shklahn • kah/kyeh • lee • shehk*
knife	**nóż** *noosh*

measuring cup/ spoon	**miarka kuchenna/łyżka do odmierzania**
	myahr • kah koo • _hehn_ • nah/_wyhsh_ • kah doh ohd • myeh • _zhah_ • n'yah
napkin	**serwetka**
	sehr • _veht_ • kah
plate	**talerz**
	tah • lehsh
pot	**garnek**
	gahr • nehk
saucepan	**rondel**
	rohn • dehl
spatula	**łopatka**
	woh • _paht_ • kah
spoon	**łyżka**
	wyhsh • kah
teaspoon	**łyżeczka**
	wyh • _zhehch'_ • kah

For Domestic Items, see page 79.

YOU MAY SEE...

NAJLEPIEJ SPOŻYĆ PRZED...	best if used by...
KALORIE	calories
BEZ TŁUSZCZU	fat free
PRZECHOWYWAĆ W LODÓWCE	keep refrigerated
MOŻE ZAWIERAĆ ŚLADOWE ILOŚCI...	may contain traces of...
SPRZEDAĆ PRZED	sell by

DRINKS

NEED TO KNOW

Can I see the wine list/ drink menu?	**Czy mogę prosić kartę win/listę drinków?**
	chyh moh•geh proh•sheech' kahr•teh veen/lees•teh dreen•koof
What do you recommend?	**Co może pan polecić?**
	tsoh moh•zheh poh•leh•ch'eech'
I'd like a bottle/glass of red/white wine.	**Poproszę butelkę/kieliszek czerwonego/białego wina.**
	poh•proh•sheh boo•tehl•keh/ kyeh•lee•shehk chehr•voh•neh•goh/ byah•weh•goh vee•nah
The house wine, please.	**Poproszę wino stołowe.**
	poh•proh•sheh vee•noh stoh•woh•veh
Another bottle/glass, please.	**Poproszę jeszcze jedną butelkę/ jeden kieliszek.**
	poh•proh•sheh yehsh•cheh jehd•nohm boo•tehl•keh/yeh•dehn kyeh•lee•shehk
I'd like a local beer.	**Poproszę lokalne piwo.**
	poh•proh•sheh loh•kahl•neh pee•voh
Can I buy you a drink?	**Mogę postawić panu drinka?**
	moh•geh pohs•tah•veech' pah•noo dreen•kah
Cheers!	**Na zdrowie!**
	nah zdroh•vyeh

A coffee/tea, please.	**Poproszę kawę/herbatę.** _poh • proh • sheh kah • veh/_ _hehr • bah • teh_
Black	**Czarną** _chahr • nohm_
A coffee with…, please.	**Poproszę kawę z…** _poh • proh • sheh kah • veh z…_
milk	**mlekiem** _mleh • kyehm_
sugar	**cukrem** _tsook • rehm_
artificial sweetener	**słodzikiem** _swoh • dj'ee • kyehm_
I'd like…	**Poproszę…** _poh • proh • sheh…_
a juice	**sok** _sohk_
a cola	**colę** _koh • leh_
a (sparkling/still) water	**wodę (gazowaną/niegazowaną)** _voh • deh (gah • zoh • vah • nohm/_ _n'yeh • gah • zoh • vah • nohm)_
Is the tap water safe to drink?	**Można pić wodę z kranu?** _mohzh • nah peech' voh • deh_ _skrah • noo_

NON-ALCOHOLIC DRINKS

cola
koh • lah

cola

gorąca czekolada
goh • rohn • tsah cheh • koh • lah • dah

hot chocolate

herbata...   tea...
hehr • bah • tah...

  czarna   black
  chahr • nah

  owocowa   fruit
  oh • voh • tsoh • vah

  zielona   green
  zh'yeh • loh • nah

  ziołowa   herbal
  zh'yoh • woh • vah

  z cukrem   with sugar
  stsook • rehm

  z cytryną   with lemon
  stsyht • ryh • nohm

kawa...   coffee...
kah • vah...

  z mlekiem   with milk
  zmleh • kyehm

  z cukrem   with sugar
  stsook • rehm

  czarna   black
  chahr • nah

  bezkofeinowa   decaffeinated
  behs • koh • feh • ee • noh • vah

  z ekspresu   espresso
  zehks • preh • soo

  po turecku   Turkish
  poh too • rehts • koo

lemoniada   lemonade
leh • moh • n'yah • dah

mleko   milk
mleh • koh

shake   milk shake
shehyk

e pełne • *neh* <u>*pehw*</u> • *neh*	lager
ne <u>*ahl*</u> • *neh*	local
ehr	pilsner

WINE

	...wine
	white
eh	red
yeh	dessert
tseh	sparkling

	liqueur made from egg yolks, aromatic spirits, sugar, vanilla and brandy
	gooseberry
	alcohol
	pineapple
	watermelon

sok... *sohk...*	...juice
grejpfrutowy *grehyp • froo •* <u>*toh*</u> *• vyh*	grapefruit
pomarańczowy *poh • mah • rahn' •* <u>*choh*</u> *• vyh*	orange
jabłkowy *yahp •* <u>*koh*</u> *• vyh*	apple
owocowy *sohk oh • voh •* <u>*tsoh*</u> *• vyh*	juice
świeżo wyciskany <u>*sh'fyeh*</u> *• zho vyh • ch'ees •* <u>*kah*</u> *• nyh*	fresh squeezed
woda gazowana/niegazowana <u>*voh*</u> *• dah gah • zoh •* <u>*vah*</u> *• nah/* *n'yeh • gah • zoh •* <u>*vah*</u> *• nah*	sparkling/still water

(i)

Tea is a popular beverage in Poland, usually enjoyed black or with lemon. Traditionally, **esencja** (the essence) was brewed in a small ceramic teapot over a boiling kettle. The essence was poured into a glass or cup and then boiling water was added. Nowadays, tea bags are frequently used. Other types of tea, such as green, fruit or herbal tea, have become increasingly popular. Coffee is also popular, and many drink instant coffee at home. Specialty coffee, including espresso and mocha, is available at many of the numerous **kawiarnie** (coffee shops) in town.

YOU MAY HEAR...

Czy mogę postawić panu coś do picia?
chyh <u>moh</u> • geh pohs • <u>tah</u> • vich'
<u>pah</u> • noo tsosh' doh<u>pee</u> • ch'yah

Can I get you a drink?

Z mlekiem i z cukrem?
z <u>mleh</u> • kyehm ee <u>stsook</u> • rehm

With milk and sugar?

Gazowana czy niegazowana?
gah • zoh • <u>vah</u> • nah chyh n'yeh
gah • zoh • <u>vah</u> • nah

Sparkling or still water?

APERITIFS, COCKTAILS & LIQUEURS

ajerkoniak
ah • yehr • <u>koh</u> • n'yahk
egg-yolk liqueur

gin
djeen
gin

koniak
<u>koh</u> • n'yahk
imported brandy

miód pitny
myoot <u>peet</u> • nyh
mead

szarlotka
shahr • <u>loht</u> • kah
grass-flavored vodka and apple juice

śliwowica
sh'lee • voh • <u>vee</u> • tsah
plum brandy

whisky
<u>wees</u> • kee
whisky

winiak
<u>vee</u> • n'yahk
Polish brandy

wódka...
<u>voot</u> • kah...
vodka...

czysta
<u>chyhs</u> • tah
straight [neat]

z lodem
z <u>loh</u> • dehm

on

i

z wodą/tonikiem
z <u>voh</u> • dohm/ toh • <u>n'ee</u> • kyehm

żubrówka
zhoob • <u>roof</u> • kah

Vodka is one of the best know
Several brands, such as Cho
popular in the U.S. and U.K
specialty is Żubrówka®, vo
grass growing only in Pu
Forest) in eastern Pola
its unmistakeable ta
Vodka is served col
mixed with juice o
Vodka, made fro
drink, but beer
Polish beer in
most well-k

jas
<u>yahs</u>

lokal
loh • <u>k</u>

pilsne
<u>peel</u> • zr

wino...
<u>vee</u> • noh...

białe
<u>byah</u> • weh

czerwone
chehr • <u>voh</u> • n

deserowe
deh • seh • <u>roh</u> •

musujące
moo • soo • <u>yohn</u>

ON THE MENU

ajerkoniak
ah • yehr • <u>koh</u> • n'yahk

agrest
<u>ahg</u> • rehst

alkohol
ahl • <u>koh</u> • hohl

ananas
ah • <u>nah</u> • nahs

arbuz
<u>ahr</u> • boos

piwo...
<u>pee</u>

boo

ciemne/
ch'yehm • ne

awokado
ah • voh • <u>kah</u> • doh

avocado

babeczka
bah • <u>behch</u> • kah

scone

bakłażan
bahk • <u>wah</u> • zhahn

eggplant [aubergine]

banan
<u>bah</u> • nahn

banana

baranina
bah • rah • <u>n'ee</u> • nah

mutton

baranina pieczona ze śmietaną
*bah • rah • <u>n'ee</u> • nah pyeh • <u>choh</u> • nah zeh
sh'myeh • <u>tah</u> • nohm*

roast mutton with
sour cream

barszcz (czerwony)
bahrshch (chehr • <u>voh</u> • nyh)

(red) beet [beetroot]
soup

bażant
<u>bah</u> • zhahnt

pheasant

bazylia
bah • <u>zyhl</u> • yah

basil

befsztyk tatarski
<u>behf</u> • shtyhk tah • <u>tahrs</u> • kee

steak tartare

beza
<u>beh</u> • zah

meringue

bezkofeinowa
behs • koh • feh • ee • noh • vah

decaffeinated

biała kapusta
byah • wah kah • poos • tah

white cabbage

białko
byahw • koh

egg white

biały ser
byah • wyh sehr

cottage cheese

bigos
bee • gohs

sauerkraut with slices of meat, pork sausage, prunes and mushrooms

biszkopt
beesh • kohpt

sponge cake

bita śmietana
bee • tah sh'myeh • tah • nah

whipped cream

boczek
boh • chehk

bacon

brokuł
broh • koow

broccoli

brukiew
broo • kyehf

rutabaga [swede]

brukselka
brook • sehl • kah

Brussels sprout

bryndza
bryhn • dzah

ewe's milk cheese

brzoskwinia
bzhohs • kfee • n'yah

peach

budyń
boo • dyhn'

pudding

budyń z karmelem
boo • dyhn' skahr • meh • lehm

caramel pudding

bulion
boo • lyohn

clear soup

bułka
boow • kah
roll

bułka tarta
boow • kah tahr • tah
bread crumbs

burak
boo • rahk
beet [beetroot]

cebula
tseh • boo • lah
onion

chipsy
cheep • syh
chips [crisps]

chleb
hlehp
bread

chleb pszenny
hlehp pshehn • nyh
wheat bread

chleb razowy
hlehp rah • zoh • vyh
whole-wheat [wholemeal] bread

chleb żytni
hlehp zhyht • nee
rye bread

chłodnik
hwohd • n'eek
cold yogurt, dill and beet [beetroot] soup

chrupki
hroop • kee
corn snacks

chrzan
hshahn
horseradish

ciasteczko
ch'yahs • tehch • koh
cookie [biscuit]

ciasto
ch'yahs • toh
pastry, cake

ciasto francuskie
ch'yahs • toh frahn • tsoos • kyeh
puff pastry

ciasto z bakaliami
ch'yahs • toh zbah • kahl • yah • mee
dried fruit cake

ciecierzyca
ch'yeh • ch'yeh • zhyh • tsah
chick pea

cielęcina
ch'yeh • lehn' • ch'ee • nah

veal

comber
cohm • behr

loin (usually game)

cukier
tsoo • kyehr

sugar

cukinia
tsoo • kee • n'yah

zucchini [courgette]

ćwikła
ch'feek • wah

horseradish with
beets [beetroot]

cykoria
tsyh • koh • ryah

endive

cynamon
tsyh • nah • mohn

cinnamon

cytryna
tsyh • tryh • nah

lemon

czarna
chahr • nah

black (coffee)

czarna porzeczka
chahr • nah poh • zhehch • kah

black currant

czarny chleb
czahr • nyh hlehp

dark bread

czekolada
cheh • koh • lah • dah

chocolate

czereśnia
cheh • rehsh' • n'yah

cherry

czerwona fasola
chehr • voh • nah fah • soh • lah

kidney bean

czerwona kapusta
chehr • voh • nah kah • poos • tah

red cabbage

czerwone
chehr • voh • neh

red (wine)

czerwony pieprz
cher • voh • nyh pyehpsh

chilli pepper

czosnek _chohs • nehk_	garlic
daktyl _dahk • tyhl_	date
deser _deh • sehr_	dessert
domowy _doh • moh • vyh_	homemade
dorsz _dohrsh_	cod
drink _dreenk_	alcoholic drink
drób _droop_	poultry
dymka _dyhm • kah_	spring onion
dynia _dyh • n'yah_	pumpkin
dżem _djehm_	jam
dziczyzna _dj'ee • chyhz • nah_	game
dzik _dj'eek_	wild boar
estragon _ehs • trah • gohn_	tarragon
fasola _fah • soh • lah_	bean
fasolka szparagowa _fah • sohl • kah shpah • rah • goh • vah_	green bean
figa suszona/świeża _fee • gah soo • shoh • nah/sh'vyeh • zhah_	dried/fresh fig
flądra _flohn • drah_	flounder [plaice]

flaki
flah • kee

tripe

frytki
fryht • kee

French fries [chips]

galaretka
gah • lah • _reht_ • kah

jelly

gałka muszkatołowa
gaw • kah moosh • kah • toh • _woh_ • vah

nutmeg

gęś
gehn'sh'

goose

gęsty
gehns • tyh

rich (sauce)

gin z tonikiem
djeen stoh • _nee_ • kyehm

gin and tonic

głowizna
gwoh • _veez_ • nah

pig's head [brawn]

gołąbki
goh • _whomp_ • kee

ground [minced]
meat with rice rolled
in cabbage leaves

golonka
goh • _lohn_ • kah

pork shank

gorąca czekolada
goh • _rohn_ • tsah cheh • koh • _lah_ • dah

hot chocolate

gorzki
gohsh • kee

bitter

goździki
gozh' • _dj'ee_ • kee

cloves

grejpfrut
greyp • froot

grapefruit

grochówka
groh • _hoof_ • kah

pea soup
pea

groszek
groh • shehk

groszek cukrowy
groh • shehk tsook • _roh_ • vyh

sugarsnap pea
pear

gruszka
groosh • kah

gruszki w syropie   pears in syrup
groosh • kee fsyh • _roh_ • pyeh

grzane wino   mulled wine
gzhah • neh _vee_ • noh

grzyb   wild mushroom
gzhyhb

gulasz   meat stewed in gravy
goo • lahsh

gulasz wieprzowy   pork stew
goo • lahsh vyep • _shoh_ • vyh

gulasz z jagnięcia   lamb stew
goo • lahsh
zyahg • _nyehn'_ • ch'yah

herbata   tea
hehr • _bah_ • tah

herbatnik   biscuit
hehr • _baht_ • n'eek

homar   lobster
hoh • mahr

imbir   ginger
eem • beer

indyk   turkey
een • dyhk

jabłko   apple
yahp • koh

jagnię   lamb
yahg • n'yeh

jagoda   blueberry
yah • _goh_ • dah

jajecznica   scrambled eggs
yah • yehch • _n'ee_ • tsah

jajko   egg
yahy • koh

jajko na miękko
yahy • koh nah myenk • koh
soft-boiled egg

jajko na twardo
yahy • koh nah tfahr • doh
hard-boiled egg

jajko sadzone
yahy • koh sah • dzoh • neh
fried egg

jarzyna
yah • zhyh • nah
vegetable

jeżyna
yeh • zhyh • nah
blackberry

jogurt
yoh • goort
yogurt

kabaczek
kah • bah • chehk
marrow

kaczka
kahch • kah
duck

kaczka pieczona z jabłkami
kahch • kah
pyeh • choh • nah z yahp • kah • mee
roast duck with apples

kalafior
kah • lah • fyohr
cauliflower

kałamarnica
kah • wah • mahr • n'ee • tsah
squid

kanapka
kah • nahp • kah
sandwich

kapary
kah • pah • ryh
capers

kapuśniak
kah • poosh' • n'yahk
sauerkraut soup

kapusta
kah • poos • tah
cabbage

kapusta kiszona
kah • poos • tah kee • shoh • nah
sauerkraut

karczoch
kahr • chohh
artichoke

karp	carp
kahrp	
karp po żydowsku	carp with spices
kahrp poh zhyh • <u>dohs</u> • koo	cooked in beer
karp smażony	fried carp
kahrp smah • <u>zhoh</u> • nyh	
kaszanka	black pudding
kah • <u>shahn</u> • kah	
kasztan	chestnut (sweet)
kahsh • <u>tah</u> • nyh	
kawa	coffee
<u>kah</u> • vah	
kawa rozpuszczalna	instant coffee
<u>kah</u> • vah rohs • poosh • <u>chahl</u> • nah	
kawior	caviar
<u>kah</u> • vyohr	
kefir	thin yogurt
<u>keh</u> • feer	
kiełbasa	sausage
kyehw • <u>bah</u> • sah	
kiełbaska wieprzowa	pork sausage
kyehw • <u>bahs</u> • kah vyehp • <u>shoh</u> • vah	
kiełek fasoli	bean sprout
<u>kyeh</u> • wehk fah • <u>soh</u> • lee	
kisiel	jelly
<u>kee</u> • sh'ehl	
kiwi	kiwi
<u>kee</u> • vee	
klops	meatball
klohps	
kluski	noodles, dumplings
<u>kloos</u> • kee	
kluski śląskie	Silesian dumplings
<u>kloos</u> • kee <u>sh'lohns</u> • kyeh	

kminek
kmee • nehk
caraway

knedle ze śliwkami
stuffed_knehd • leh zeh shleef • kah • mee_
dumplings with plums

kokos
koh • kohs
coconut

kompot
kohm • poht
stewed fruit

koper
koh • pehr
fennel

koperek
koh • _peh_ • rehk
dill

kopytka
koh • _pyht_ • kah
small potato dumplings

korniszon
kohr • _n'ee_ • shohn
gherkin

kość
kohsh'ch'
bone

kotlet
koht • leht
chop

kotlet schabowy
koht • leht s • hah • _boh_ • vyh
pork chop fried and breaded

kozie mleko
koh • zh'yeh _mleh_ • koh
goat's milk

krab
krahp
crab

krakers
krah • kehrs
cracker

krewetka
kreh • _veht_ • kah
shrimp [prawn]

krokiet
kroh • kyeht
croquette

królik
kroo • leek
rabbit

krupnik	barley soup
kroop • neek	
kukurydza	corn
koo • koo • _ryh_ • dzah	
kurczak	chicken
koor • chahk	
kurczak grillowany	grilled chicken
koor • chahk gree • loh • _vah_ • nyh	
kurczak pieczony	roast chicken
koor • chahk pyeh • _choh_ • nyh	
kurczak smażony	fried chicken
koor • chahk smah • _zhoh_ • nyh	
kurka	chanterelle
koor • kah	mushroom
kuropatwa	partridge
koo • roh • _paht_ • fah	
kwaśny	sour (taste)
kfahsh' • nyh	
łagodny	mild (flavor)
wah • _gohd_ • neh	
langusta	lobster
lahn • _goos_ • tah	
lekki	light (sauce)
lehk • kee	
lemoniada	lemonade
leh • moh • _n'yah_ • dah	
leniwe pierogi	flour, potato and curd
leh • _n'ee_ • veh pyeh • _roh_ • gee	cheese dumplings
leszcz	bream
lehshch	
likier	liqueur
lee • kyehr	
limonka	lime
lee • _mohn_ • kah	

liść laurowy	bay leaf
leesh'ch' lahw • roh • vyh	
lód	ice
loot	
lody	ice cream
loh • dyh	
łopatka	shoulder (cut of
woh • paht • kah	meat)
łosoś	salmon
woh • sohsh'	
łosoś wędzony	smoked salmon
woh • sohsh' vehn • dzoh • nyh	
lukier	icing
loo • kyehr	
łupacz	haddock
woo • pahch	
majonez	mayonnaise
mah • yoh • nehs	
majonez czosnkowy	garlic mayonnaise
mah • yoh • nehs chohsn • koh • vyh	
mąka	flour
mohn • kah	
mąka pszenna	wheat flour
mohn • kah pshehn • nah	
mąka razowa	whole-wheat
mohn • kah rah • zoh • vah	[wholemeal] flour
makaron	pasta
mah • kah • rohn	
makrela	mackerel
mahk • reh • lah	
malina	raspberry
mah • lee • nah	
małża	mussel
mahw • zhah	

mandarynka   tangerine
mahn • dah • ryhn • kah

marcepan   marzipan
mahr • tseh • pahn

marchew   carrot
mahr • hehf

margaryna   margarine
mahr • gah • ryh • nah

marmolada   marmalade
mahr • moh • lah • dah

marynowany w occie   marinated in vinegar
mah • ryh • noh • vah • nyh vohts • ch'yeh

maślanka   buttermilk
mahsh' • lahn • kah

masło   butter
mahs • woh

mazurek   Easter shortcake
mah • zoo • rehk   (various flavors)

melasa   molasses [treacle]
meh • lah • sah

melon   melon
meh • lohn

miecznik   swordfish
myehch • n'eek

mielona wołowina   minced beef
myeh • loh • nah voh • woh • vee • nah

mięso   meat
myehn • soh

mięso grillowane   grilled meat
myehn • soh gree • loh • vah • neh

mieszane jarzyny   mixed vegetables
myeh • shah • neh yah • zhyh • nyh

mięta   mint
myehn • tah

migdał almond
meeg • dahw

migdały w cukrze sugared almonds
meeg • dah • wyh ftsook • sheh

miód honey
myoot

miód pitny mead
myoot peet • nyh

mizeria cucumber salad with
mee • zeh • ryah sour cream

mleko milk
mle • koh

młoda kapusta spring cabbage
mwoh • dah kah • poos • tah

młody kurczak spring chicken
mwoh • dyh koor • chahk

mocne full-bodied (wine),
mohyts • neh strong (beer)

morela apricot
moh • reh • lah

morwa mulberry
mohr • vah

mrożony iced (drinks)
mroh • zhoh • nyh

mus mousse
moos

musujący sparkling
moo • soo • yohn • tsyh

musztarda mustard
moosh • tahr • dah

naleśnik thin pancake
nah • lehsh' • n'eek

naleśniki z kapustą i grzybami thin pancakes
nah • lehsh' • n'ee • kee skah • poos • tohm with sauerkraut
ee gzhyh • bah • mee and mushrooms

napój *nah • puy*	soft drink
nektarynka *nehk • tah • ryhn • kah*	nectarine
nerka *nehr • kah*	kidney
nerkówka *nehr • koof • kah*	loin (cut of meat)
noga *noh • gah*	leg (cut of meat)
nóżki *noosh • kee*	pigs' feet
nugat *noo • gaht*	nougat
ogon *oh • gohn*	oxtail
ogórek *oh • goo • rehk*	cucumber
ogórek kiszony *oh • goo • rehk kee • shoh • nyh*	dill pickle
ogórek konserwowy *oh • goo • rehk kohn • sehr • voh • vyh*	pickle
ogórkowa *oh • goor • koh • vah*	pickled cucumber soup
okoń *oh • kohn'*	bass
oliwka *oh • leef • kah*	olive
oliwki nadziewane *oh • leef • kee nah • dj'yeh • vah • neh*	stuffed olives
omlet *ohm • leht*	omelet
opieniek *oh • pyeh • n'yehk*	oyster mushroom

oranżada   orangeade
oh•rahn•zhah•dah

orzech   nut
oh•zhehh

orzech laskowy   hazelnut
oh•zhehh lahs•koh•vyh

orzech nerkowca   cashew
oh•zhehh nehr•kohf•tsah

orzech włoski   walnut
oh•zhehh vwohs•kee

orzechy mieszane   assorted nuts
oh•zheh•hyh myeh•shah•neh

orzeszek ziemny   peanut
oh•zheh•shehk zh'yehm•nyh

orzeszki ziemne solone   salted peanuts
oh•zhehsh•kee zh'yehm•neh
soh•loh•neh

ośmiornica   octopus
ohsh'•myohr•nee•tsah

ostra kiełbaska   spicy sausage
ohs•trah kyehw•bahs•kah

ostry (smak)   hot, spicy (flavor)
ohs•tryh (smahk)

ostryga   oyster
ohs•tryh•gah

owoce   fruit
oh•voh•tseh

owoce kandyzowane   candied fruit
oh•voh•tseh kahn•dyh•zoh•vah•neh

owoce morza   seafood
oh•voh•tseh moh•zhah

owoce z puszki   canned fruit
oh•voh•tseh spoosh•kee

owsianka   porridge
ohf•sh'yahn•kah

ozór
_oh_ • zoor
tongue

pączek
pohn • chehk
donut [doughnut]

papryka zielona/czerwona
pahp • _ryh_ • kah zh'yeh • _loh_ • nah/
chehr • _voh_ • nah
green/red pepper

parówka
pah • _roof_ • kah
sausage

pasternak
pah • _stehr_ • nahk
parsnip

paszteciki
pahsh • teh • _ch'ee_ • kee
pastries filled
with meat, fish or
cabbage

pasztet
pahsh • teht
pâté

pasztet w galarecie
pahsh • teht vgah • lah • _reh_ • ch'yeh
pâté in aspic

perliczka
pehr • _leech_ • kah
guinea fowl

pieczarka
pyeh • _chahr_ • kah
mushroom

pieczarki w śmietanie
pyeh • _chahr_ • kee vsh'myeh • _tah_ • n'yeh
mushrooms in cream

pieczeń
pyeh • chehn'
pot roast

pieczona wołowina
pyeh • _choh_ • nah voh • woh • _vee_ • nah
roast beef

pieprz
pyehpsh
pepper (condiment)

pieprzny sos
pyehp • shnyh sohs
hot pepper sauce

piernik
pyehr • n'eek
ginger cake

pierogi	stuffed dumplings
pyeh • roh • gee	
pierogi ruskie	dumplings with
pyeh • roh • gee roos • kyeh	cheese and onion
pierogi z kapustą i z grzybami	dumplings with
pyeh • roh • gee skah • poos • tohm ee	sauerkraut
zgzhyh • bah • mee	and mushrooms
pierogi z mięsem	dumplings with meat
pyeh • roh • gee zmyehn • sehm	
pierogi z owocami	dumplings with fruit
pyeh • roh • gee zoh • voh • tsah • mee	
pierogi z serem	dumplings with curd
pyeh • roh • gee sseh • rehm	cheese
pierś	breast
pyehrsh'	
pierś z kurczaka	breast of chicken
pyehrsh' skoor • chah • kah	
pietruszka zielona	parsley
pyeht • roosh • kah zh'yeh • loh • nah	
pikantny	spicy
pee • kahnt • nyh	
piwo	beer
pee • voh	
piwo jasne pełne	lager
pee • voh yahs • neh pehw • neh	
placek	tart, pie
plah • tsehk	
placki ziemniaczane	potato pancakes
plahts • kee zh'yehm • n'yah • chah • neh	
płatki śniadaniowe	cereal
pwaht • kee sh'nyah • dah • n'yoh • veh	
podroby	giblets
pohd • roh • byh	
polędwica	tenderloin (cut of
poh • lehnd • vee • tsah	meat)

pomarańcza
poh • mah • rahn' • chah
orange

pomidor
poh • mee • dohr
tomato

pomidorowa z makaronem/ryżem
poh • mee • doh • roh • vah z
mah • kah • roh • nehm/ryh • zhehm
tomato soup with noodles/ rice

poncz
pohnch
punch

por
pohr
leek

porcja
pohr • tsyah
portion

porto
pohr • toh
port

potrawa
poh • trah • vah
dish

potrawka
poh • trahf • kah
casserole

prosiak
proh • sh'yahk
suckling pig

przekąski
psheh • kohns • kee
snacks

przepiórka
psheh • pyoor • kah
quail

przyprawy
pshyh • prah • vyh
seasoning, spices

przysmak regionalny
pshyhs • mahk reh • gyoh • nahl • nyh
local specialty

pstrąg
pstrohnk
trout

purée
pee • reh
purée

purée z ziemniaków
pee • reh zzh'yehm • n'yah • koof
potato purée

pyzy _pyh_ • zyh	large potato dumplings, sometimes with meat stuffing
rabarbar rah • _bahr_ • bahr	rhubarb
racuch _rah_ • tsooh	small pancake
racuchy z jabłkami rah • _tsoo_ • hyh zyahp • _kah_ • mee	apple pancakes, fritters
rak rahk	crayfish
rodzynki roh • _dzyhn_ • kee	raisins
rolmops _rohl_ • mohps	pickled herring filet [rollmop herring]
rosół _roh_ • soow	consommé, broth
rosół z kury _roh_ • soow _skoo_ • ryh	chicken broth
rosół z mięsem i jarzynami _roh_ • soow zmyehn • _sehm_ ee yah • zhyh • _nah_ • mee	meat and vegetable broth
rostbef _rohst_ • behf	roast beef
rozmaryn rohz • _mah_ • ryhn	rosemary
rumsztyk _room_ • shtyhk	rumpsteak
ryba _ryh_ • bah	fish
ryż rysh	rice
rzepa _zheh_ • pah	turnip

rzeżucha cress
zheh • zhoo • hah

rzeżucha wodna watercress
zheh • zhoo • hah vohd • nah

rzodkiewka radish
zhoht • kyehf • kah

sałata lettuce
sah • wah • tah

sałatka jarzynowa mixed vegetable
sah • waht • kah yah • zhyh • noh • vah salad

sałatka z kapusty coleslaw
sah • waht • kah skah • poos • tyh

salceson headcheese [brawn]
sahl • tseh • sohn

sandacz perch
sahn • dahch

sandacz po polsku perch in vegetable
sahn • dahch poh pohl • skoo stock with eggs

sardela anchovy
sahr • deh • lah

sardynka sardine
sahr • dyhn • kah

sarnina venison
sahr • nee • nah

schab loin of pork
s • hahp

schab pieczony ze śliwkami roast pork sirloin
s • hahp pyeh • choh • nyh zeh with prunes
sh'leef • kah • mee

schłodzony chilled
s • hwoh • dzoh • nyh

seler naciowy celery
seh • lehr nah • ch'yoh • vyh

ser cheese
sehr

ser kozi *sehr <u>koh</u> • zh'ee*	goat's cheese
ser owczy *sehr <u>ohf</u> • chyh*	ewe's milk cheese
ser pleśniowy *sehr pleh • sh'<u>n'yoh</u> • vyh*	blue cheese
ser topiony *sehr toh • <u>pyoh</u> • nyh*	processed cheese
serce *<u>sehr</u> • tseh*	heart
sernik *<u>sehr</u> • n'eek*	cheesecake
shake *shehyk*	milkshake
śledź *sh'lehch'*	herring
śledź marynowany *sh'lehdj' mah • ryh • noh • <u>vah</u> • nyh*	marinated herring
śledź w oleju *sh'lehdj' voh • <u>leh</u> • yoo*	herring in oil
śledź w śmietanie *sh'lehch' fsh'myeh • <u>tah</u> • n'yeh*	herring in sour cream
ślimak *sh'<u>lee</u> • mahk*	snail
śliwka *sh'<u>leef</u> • kah*	plum
śliwowica *sh'lee • voh • <u>vee</u> • tsah*	plum brandy
słodka papryka *<u>swoht</u> • kah pah • <u>pryh</u> • kah*	sweet red pepper
słodki *<u>swoht</u> • kee*	sweet
słodycze *swoh • <u>dyh</u> • cheh*	candies [sweets]

słodzik
swoh • dj'eek

sweetener

śmietana
sh'myeh • tah • nah

cream

soczewica
soh • cheh • vee • tsah

lentil

sok
sohk

juice

sok cytrynowy
sohk tsyh • tryh • noh • vyh

lemon juice

sok owocowy
sohk oh • voh • tsoh • vyh

fruit juice

sok pomarańczowy
sohk poh • mah • ran' • choh • vyh

orange juice

sok z limonki
sohk zlee • mohn • kee

lime juice

sól
sool

salt

sola
soh • lah

sole

solony
soh • loh • nyh

salted

sos
sohs

sauce

sos czosnkowy
sohs chohsn • koh • vyh

garlic sauce

sos pomidorowy
sohs poh • mee • doh • roh • vyh

tomato sauce

sos słodko-kwaśny
sohs swoht • koh • kfahsh' • nyh

sweet and sour
sauce

sos winegret
sohs vee • neh • greh

vinaigrette [French
dressing]

sos z pieczeni
sohs spyeh • cheh • n'ee

gravy

specjalność szefa kuchni special
spehts • yahl • nohsh'ch' sheh • fah
kooh • n'ee

stek steak
stehk

stek z polędwicy fillet steak
stehk spoh • lehnd • vee • tsyh

strucla strudel
stroots • lah

suflet soufflé
soof • leht

surówka fresh vegetable
soo • roof • kah salad

surowy raw
soo • roh • vyh

suszone daktyle dried dates
soo • shoh • neh dahk • tyh • leh

suszone śliwki prunes
soo • shoh • neh sh'leef • kee

świeże owoce fresh fruit
sh'fyeh • zheh oh • voh • tseh

świeży fresh
sh'fyeh • zhyh

świeży daktyl fresh date
sh'fyeh • zhyh dahk • tyhl

syrop syrup
syh • rohp

szafran saffron
shahf • rahn

szalotka shallot
shah • loht • kah

szałwia sage
shahw • vyah

szarlotka
shahr • loht • kah

apple pie; grass-flavored vodka with apple juice

szaszłyk
shahsh • wyhk

lamb or mutton kebab

szczaw
shchahf

sorrel

szczawiowa zupa
shchah • vyoh • vah zoo • pah

sorrel soup

szczupak
shchoo • pahk

pike

szczupak nadziewany
shchoo • pahk nah • dj'yeh • vah • nyh

stuffed pike

szczupak w galarecie
shchoo • pahk vgah • lah • reh • ch'yeh

pike in aspic

szczypiorek
shchyh • pyoh • rehk

chives

szklanka
shklahn • kah

glass

sznycel
shnyh • tsehl

breaded pork or veal cutlet

szparag
shpah • rahg

asparagus

szpinak
shpee • nahk

spinach

szprotka
shproht • kah

sprat (small herring)

sztuka mięsa
shtoo • kah myehn • sah

portion of meat

szynka
shyhn • kah

ham

tłusty
twoos • tyh

fatty (meat)

tonik
toh • neek

tonic water

tort	rich cake
tohrt	
tost	toast
tohst	
trufla	truffle
troof • lah	
truskawka	strawberry
trus • kahf • kah	
tuńczyk	tuna
toon' • chyhk	
twarożek	fresh curd cheese
tfah • roh • zhehk	
tymianek	thyme
tyh • myah • nehk	
udko	leg (cut of meat)
oot • koh	
w cieście	in batter
fch'yehsh' • ch'yeh	
w czosnku	in garlic
fchohsn • koo	
w oliwie	in olive oil
voh • lee • vyeh	
wafel	waffle
vah • felh	
wanilia	vanilla
vah • n'eel • yah	
wątróbka	liver
vohn • troop • kah	
wątróbka z kurczaka	chicken liver
vohn • troop • kah skoor • chah • kah	
wędlina	cold cuts
vehn • dlee • nah	
węgorz	eel
vehn • gohsh	

węgorz wędzony
vehn • gohsh vehn • dzoh • nyh

smoked eel

wieprzowina
vyehp • shoh • vee • nah

pork

winiak
vee • n'yahk

Polish brandy

wino
vee • noh

wine

wino deserowe
vee • noh deh • seh • roh • veh

dessert wine

wino musujące
vee • noh moo • soo • yohn • tseh

sparkling wine

wino stołowe
vee • noh stoh • woh • veh

table wine

winogrono
vee • noh • groh • noh

grape

winogrono czerwone
vee • noh • groh • noh chehr • voh • neh

red grape

winogrono zielone
vee • noh • groh • noh zh'yeh • loh • neh

white grape

wiśnia
veesh' • n'yah

cherry

woda
voh • dah

water

woda gazowana
voh • dah gah • zoh • vah • nah

sparkling water

woda gorąca
voh • dah goh • rohn • tsah

hot water

woda mineralna
voh • dah mee • neh • rahl • nah

mineral water

woda niegazowana
*voh • dah
n'yeh • gah • zoh • vah • nah*

still water

woda sodowa
voh • dah soh • doh • vah

soda water

woda z lodem *voh • dah zloh • dehm*	iced water
wódka *voot • kah*	vodka
wódki *voot • kee*	spirits
wół *voow*	ox
wołowina *voh • woh • vee • nah*	beef
z cukrem *stsoo • krehm*	with sugar
z cytryną *stsyh • tryh • nohm*	with lemon
z kością *skohsh' • ch'yohm*	on the bone
zając *zah • yohnts*	hare
zakąski *zah • kohns • kee*	appetizers
zapiekany *zah • pyeh • kah • nyh*	gratin
zboże *zboh • zheh*	grain
żeberka *zheh • behr • kah*	spare ribs
zielona fasolka *zh'yeh • loh • nah fah • sohl • kah*	green bean
zielona sałata *zh'yeh • loh • nah sah • wah • tah*	lettuce
zielony pieprz *zh'yeh • loh • nyh pyehpsh*	green pepper
ziemniak *zh'yehm • n'yahk*	potato

ziemniak pieczony
zh'yehm • n'yahk pyeh • choh • nyh

baked potato

ziemniaki gotowane
zh'yehm • n'yah • kee goh • toh • vah • neh

boiled potatoes

zioła mieszane
zh'yoh • wah myeh • shah • neh

mixed herbs

zioło
zh'yoh • woh

herb

żółtko
zhoow • tkoh

egg yolk

żółty ser
zhoow • tyh sehr

hard cheese

Żubrówka
zhoo • broof • kah

grass-flavoured
vodka

zupa
zoo • pah

soup

zupa jarzynowa
zoo • pah yah • zhyh • noh • vah

vegetable soup

zupa krem
zoo • pah krehm

cream soup

zupa na zimno
zoo • pah nah zh'eem • noh

cold soup

żurek (z białą kiełbasą)
zhoo • rehk
(zbyah • wohm kyeh • bah • sohm)

sour rye soup (with
white sausage)

GOING OUT

NEED TO KNOW

What is there to do at night?	**Co można robić wieczorami?** *tsoh mohzh • nah roh • beech' vyeh • choh • rah • mee*
Do you have a program of events?	**Czy jest program imprez?** *chyh yehst proh • grahm eem • prehs*
What's playing at the movies [cinema] today?	**Co dzisiaj grają w kinie?** *tsoh dj'ee • sh'yay grah • yohm fkee • n'yeh*
Where's...?	**Gdzie jest...?** *gdj'yeh yehst...*
the downtown area	**centrum** *tsehn • troom*
the bar	**bar** *bahr*
the dance club	**dyskoteka** *dyhs • koh • teh • kah*

ENTERTAINMENT

Can you recommend…?	**Czy może pan polecić…?** *chyh <u>moh</u> • zheh pahn poh • <u>leh</u> • ch'eech'…*
a concert	**koncert** *<u>kohn</u> • tsehrt*
a movie	**film** *feelm*
an opera	**operę** *oh • <u>peh</u> • reh*
a play	**sztukę** *<u>shtoo</u> • keh*
When does it start/ end?	**Kiedy to się zaczyna/kończy?** *<u>kyeh</u> • dyh toh sh'yeh zah • <u>chyh</u> • nah/ <u>kohn'</u> • chyh*
I like…	**Lubię…** *<u>loo</u> • byeh…*
classical music	**muzykę poważną** *moo • <u>zyh</u> • keh poh • <u>vahzh</u> • nohm*
folk music	**muzykę ludową** *moo • <u>zyh</u> • keh loo • <u>doh</u> • vohm*
jazz	**jazz** *djehz*
pop music	**pop** *pohp*
rap	**rap** *rahp*
What's the dress code?	**Jaki strój obowiązuje?** *<u>yah</u> • kee strooy oh • boh • vyohn • <u>zoo</u> • yeh*

For Tickets, see page 45.

ⓘ

Most hotels will have some information available in English about events around town. There are also culture magazines, such as **Kalejdoskop Kulturalny** (Cultural Kaleidoscope), which have weekly events listings, often provided in Polish and English. These are available at newsstands and bookstores.

NIGHTLIFE

What is there to do at night?	**Co można robić wieczorami?** *tsoh mohzh•nah roh•beech' vyeh•choh•rah•mee*
Can you recommend…?	**Czy może pan polecić…?** *chyh moh•zheh pahn poh•leh•ch'eech'…*
a bar	**bar** *bahr*
a cabaret	**kabaret** *kah•bah•reht*
a casino	**kasyno** *kah•syh•noh*
a dance club	**dyskotekę** *dyhs•koh•teh•keh*
a gay club	**klub dla gejów** *kloop dlah geh•yoof*
a jazz club	**klub jazzowy** *kloop djeh•zoh•vyh*
a club with Polish music	**klub z polską muzyką** *kloop spohls•kohm moo•zyh•kohm*
Is there live music?	**Czy grają muzykę na żywo?** *chyh grah•yohm moo•zyh•keh nah zhyh•voh*

How do I get there?	**Jak tam dotrzeć?**
	yahk tahm <u>doh</u> • tshehch'
Is there a cover charge?	**Czy płaci się za wstęp?**
	Chyh <u>pwah</u> • ch'ee sh'yeh zah vstehmp
Let's go dancing.	**Chodźmy potańczyć.**
	<u>hohch</u>' • myh poh • <u>tahn</u>' • chyhch'
Is this area safe at night?	**Czy ta okolica jest bezpieczna w nocy?**
	chyh tah oh • kho • lee • tsah yehst behs • py'eh • chnah vnoh • tsyh

For The Dating Game, see page 230.

YOU MAY HEAR…

Prosimy o wyłączenie telefonów komórkowych.
proh • <u>sh'ee</u> • myh oh vyh • wohn • <u>cheh</u> • n'yeh teh • leh • <u>foh</u> • noof koh • moor • <u>koh</u> • vyhh

Turn off your cell [mobile] phones, please.

Dyskoteki (dance clubs) are popular throughout Poland. These feature a variety of music: dance, jazz, pop, etc. Prices are reasonable and many venues offer student discounts. At popular dance clubs you may need to make a reservation in advance.

ROMANCE

NEED TO KNOW

Would you like to go out for a drink/meal?	**Może pójdziemy na drinka/coś zjeść?** *moh•zheh pooy•dj'eh•myh nah dreen•kah/tsohsh' zyehsh'ch'*
What are your plans for tonight/tomorrow?	**Masz jakieś plany na wieczór/jutro?** *mahsh yah•kyehsh' plah•nyh nah vyeh•choor/yoot•roh*
Can I have your number?	**Podasz mi swój numer telefonu?** *poh•dahsh mee sfuy noo•mehr teh•leh•foh•noo*
Can I join you?	**Mogę się dosiąść?** *moh•geh sh'yeh doh•sh'yohn'sh'ch'*
Can I buy you a drink?	**Mogę postawić ci drinka?** *moh•geh pohs•tah•veech' ch'ee dree•nkah*
I like/love you.	**Lubię/Kocham cię.** *loo•bieh/koh•hahm ch'yeh*

THE DATING GAME

Would you like to go out for…?	**Może pójdziemy na…?** *moh•zheh pooy•dj'yeh•myh nah…*
coffee	**kawę** *kah•veh*
a drink	**drinka** *dreen•kah*
dinne	**kolację** *koh•lahts•yeh*

What are your plans for...?	**Masz jakieś plany na...?**
	mahsh yah • kyehsh' plah • nyh nah...
today	**dzisiaj**
	dj'ee • sh'yahy
tonight	**wieczór**
	vyeh • choor
tomorrow	**jutro**
	yoot • roh
this weekend	**weekend**
	wee • kehnt
Where would you like to go?	**Dokąd chciałbyś** m/**chciałabyś** f **pójść?**
	doh • kohnt hch'yahw • byhsh'/ hch'yah • wah • bysh' pooysh'ch'
I'd like to go to...	**Chciałbym** m/**Chciałabym** f **pójść do...** *hch'yahw • byhm/ hch'yah • wah • byhm pooysh'ch' doh...*
Do you like...?	**Lubisz...?**
	loo • beesh'...?
Can I have your number?	**Podasz mi swój numer telefonu?**
	poh • dahsh mee sfooy noo • mehr teh • leh • foh • noo
Can I have your e-mail?	**Podasz mi swój e-mail?**
	poh • dahsh mee sooy ee • mehyl
Are you on Facebook/Twitter?	**Masz konto na Facebooku/Twitterze?**
	mahsh kohn • toh nah fehys • boo • koo/ twee • teh • zheh
Can I join you?	**Mogę się dosiąść?**
	moh • geh sh'yeh doh • sh'yohn'sh'ch'
Is this seat free?	**To miejsce jest wolne?**
	toh myehys • tseh yehst vohl • neh
You look great!	**Świetnie wyglądasz!**
	sh'vyeht • n'yeh wyh • glohn • dahsh

You're very attractive **Jesteś bardzo atrakcyjny** m/
atrakcyjna f

yehs • tehsh' _bahr_ • dzoh
ah • trahk • _tsyhy_ • nyh/
ah • trahk • _tsyhy_ • nah

Let's go somewhere **Może pójdziemy w jakieś spokojniejsze**
quieter. **miejsce?**

moh • zheh puy • _dj'yeh_ • myh vyah • kyehsh'
spoh • kohy • _n'yehy_ • sheh _myehys_ • tseh

For Communications, see page 83.

ACCEPTING & REJECTING

I'd love to. **Bardzo chętnie.**
bahr • dzoh _chehnt_ • n'yeh

Where should we **Gdzie możemy się spotkać?**
meet? gdj'eh moh • _zheh_ • myh sh'yeh
spoht • kach'

I'll meet you at the **Spotkamy się w barze/twoim hotelu.**
bar/ your hotel. spoht • _kah_ • myh sh'yeh _vbah_ • zheh/
tfoh • eem hoh • _teh_ • loo

I'll come by at… **Przyjdę o…**
pshyhy • deh oh…

What's your address? **Gdzie mieszkasz?**
gdj'yeh _myehsh_ • kahsh

I'm busy. **Jestem zajęty** m/**zajęta** f
yehs • tehm zah • _yehn_ • tyh/zah • _yehn_ • tah

I'm not interested. **Nie jestem zainteresowany** m/
zainteresowana f
n'yeh yehs • tehm
zah • een • teh • reh • soh • _vah_ • nyh/
zah • een • teh • reh • soh • _vah_ • nah

Leave me alone, **Zostaw mnie w spokoju!**
please! _zohs_ • tahf mn'yeh fspoh • _koh_ • yoo

Stop bothering me! **Odczep się!**
oht • chehp sh'yeh

GETTING INTIMATE

Can I hug/kiss you? **Mogę cię przytulić/pocałować?**
moh • geh ch'yeh pshyh • too • leech'/
poh • tsah • woh • vahch'

Yes. **Tak.**
tahk

No. **Nie.**
n'yeh

Stop! **Przestań!**
pshehs • tahn'

I love you **Kocham cię**
koh • hahm ch'yeh

SEXUAL PREFERENCES

Are you gay? **Jesteś gejem m/lesbijką f ?**
yehs • tehsh' geh • yehm/lehs • beey • kohm

I'm... **Jestem...**
yehs • tehm...

heterosexual **heteroseksualny m/heteroseksualna f**
heh • teh • roh • sehk • soo • ahl • nyh/
heh • teh • roh • sehk • soo • ahl • nah

gay **gejem m/lesbijką f**
geh • yehm/lehs • beey • kohm

bisexual **biseksualny m/biseksualna f**
bee • sehk • soo • ahl • nyh/
bee • sehk • soo • ahl • nah

Do you like men/ **Wolisz mężczyzn/kobiety?**
women? *voh • leesh mehnzh • chyhzn/*
koh • byeh • tyh

Krako
PRZEDM

wskie

IEŚCIE

DICTIONARY

ENGLISH–POLISH

A

a little trochę
a lot dużo
a.m. przed południem
accept *v* zaakceptować
accident (road) wypadek
accidentally przypadkowo
across przez
acrylic *adj* akrylowy; *n* akryl
actor aktor
adapter przejściówka
address adres
admission charge opłata za wstęp
adult *n* dorosły
afraid przestraszony
after (time) po; **(place)** za
afternoon popołudnie
aftershave płyn po goleniu
ago temu
agree zgadzać się
air conditioner klimatyzator
air conditioning klimatyzacja
air mattress materac nadmuchiwany
air pump kompresor

airline linia lotnicza
airmail poczta lotnicza
airport lotnisko
air-sickness bag torebka na chorobę lotniczą
aisle seat miejsce przy przejściu
alarm clock budzik
allergic uczulony
allergy uczulenie
allowance ilość
almost prawie
alone sam
already już
also również
alter poprawić
aluminum foil folia aluminiowa
always zawsze
amazing zdumiewający
ambassador ambasador
ambulance karetka
American *adj* amerykański; *n* Amerykanin
amount (money) kwota
and i
anesthetia znieczulenie

---

adj adjective	**BE** British English	**prep** preposition
adv adverb	**n** noun	**v** verb

animal zwierzę
another inny
antacid środek neutralizujący kwas
antibiotics antybiotyk
antique n antyk
antiseptic aseptyczny
antiseptic cream krem aseptyczny
any jakiś
anyone ktoś
apartment mieszkanie
apologize przepraszać
appendix wyrostek robaczkowy
appetite apetyt
appetizer przekąska
appointment (business) spotkanie; (doctor) wizyta
approximately około
arcade salon gier
area code numer kierunkowy
arm (body part) ramię
around (time) około; (place) po
arrive (car, train) przyjeżdżać; (plane) lądować
art gallery galeria sztuki
artist artysta
ashtray popielniczka
ask (question) pytać; (request) prosić
aspirin aspiryna
asthma astma

at (time) o; (place) na
ATM bankomat
attack atak
attractive atrakcyjny
audioguide przewodnik dźwiękowy
Australia Australia
authenticity autentyczność
automatic trasmission automatycza skrzynia biegów
autumn [BE] jesień
available (free) wolne
avalanche lawina

B

baby dziecko
baby food jedzenie dla dzieci
baby wipe wilgotne chusteczki pielęgnacyjne
babysitter opiekunka
back (head) tył; (body) grzbiet
backache ból grzbietu
backpack n plecak; v wędrować z plecakiem
bad zły
bag torba
baggage [BE] bagaż
baggage room przechowalnia bagażu
bakery piekarnia
balcony balkon
ball piłka
ballet balet
band (music) zespół

bandage bandaż
bank bank
bar bar
barber fryzjer męski
basement piwnica
basketball koszykówka
bath *n* wanna; *v* kąpiel
bathroom łazienka
battery bateria; **(car)** akumulator
battle site pole bitwy
be być
beach plaża
beautiful piękny
because ponieważ
bed łóżko
bedding pościel
bedroom sypialnia
before (time) przed
begin zaczynać
beginner początkujący
behind za
belong należeć
belt pasek
berth (ship) koja; **(train)** kuszetka
best najlepszy
better lepszy
between pomiędzy
bib śliniaczek
bicycle rower
bicycle route szlak rowerowy
big duży
bikini bikini
bill (restaurant) rachunek

binoculars lornetka
bird ptak
birthday urodziny
bite *n* ugryzienie
bitter gorzki
bizarre dziwaczny
black czarny
bladder pęcherz moczowy
bland mdły
blanket koc
bleach wybielacz
bleed krwawić
bleeding krwotok
blister pęcherz
block *v* blokować
blood krew
blood pressure ciśnienie krwi
blouse bluzka
blow-dry suszenie z modelowaniem
blue niebieski
board pokład
boarding card karta pokładowa
boat trip przejażdżka statkiem
boil *v* gotować
boiler boiler
bone kość
book książka
bookstore księgarnia
boots botki
boring nudny
born *v* urodzić się

borrow pożyczyć

botanical garden ogród botaniczny

bottle butelka

bottle opener otwieracz do butelek

bowl miska

box (container) pudełko

boy chłopiec

boyfriend chłopak

bra biustonosz

bracelet bransoletka

brake hamulec

break (destroy) zepsuć; (body part) złamać

break down (go wrong) zepsuć się

breakfast śniadanie

breast (body) pierś

breathe oddychać

bridge most

briefs (clothing) majtki

bring przenieść

Britain Wielka Brytania

British adj brytyjski; n Brytyjczyk

brochure broszura

broken zepsuty

bronchitis bronchit

brooch broszka

brother brat

browse patrzeć

bruise siniak

bucket wiaderko

bug robak

build budować

building budynek

bulletin board tablica informacyjna

burn n oparzenie

bus autobus

bus route trasa autobusowa

bus station dworzec autobusowy

bus stop przystanek autobusowy

business biznes

business class klasa biznes

busy zajęty

but ale

butane gas butan

butcher (store) rzeźnik

button guzik

buy kupić

C

cabaret kabaret

café kawiarnia

call (ambulance) wezwać; (telephone) zadzwonić

camera aparat fotograficzny

camera case futerał na aparat

camp n obóz; v obozować

campfire ognisko

campsite pole namiotowe

can n puszka; v móc

can opener otwieracz do puszek

Canada Kanada

canal kanał

cancel odwołać

cancer rak

cap (dental) koronka;
(clothing) czapka

car samochód; (train)
wagon

car hire [BE] wynajem
samochodów

car insurance ubezpiecznie
samochodowe

car park parking

car rental wynajem
samochodów

car seat fotelik dziecięcy

carafe karafka

card karta

careful ostrożny

carpet dywan

carry-on (luggage) bagaż
podręczny

cart wózek

carton karton

cash (money) gotówka; v
zrealizować

cashier kasjer

casino kasyno

castle zamek

catch (bus) złapać

cathedral katedra

cave jaskinia

CD płyta

CD player odtwarzacz płyt
kompaktowych

cell phone telefon
komórkowy

cemetery cmentarz

ceramics ceramika

certificate certyfikat

chain łańcuszek

change n (small coins)
drobne; (in shop) reszta; v
(bus, train) przesiadać się;
(baby) przewinąć; (money)
wymieniać; (reservation)
zmienić, (clothes) przebrać
się

changing room
przebieralnia

charcoal węgiel drzewny

charge opłata

cheap tani

check n czek

check in n odprawa

check out (hotel)
wyrejestrować się

checkbook książeczka
czekowa

check-in desk stanowisko
odprawy

chemical toilet chemiczna
toaleta

chemist [BE] apteka

cheque [BE] czek

chess szachy

chest (body) klatka
persiowa

child dziecko

child's cot łóżeczko
dziecięce

child's seat krzesełko dla

dziecka
church kościół
cigar cygaro
cigarette papieros
clamp założyć blokadę na koła
clean *adj* czysty; *v* wyczyścić
cliff klif
cling film [BE] folia do żywności
clinic klinika
clock zegar
close (near) niedaleko; **(store)** zamykać
clothing store sklep odzieżowy
cloudy pochmurno
coach [BE] (long-distance bus) autokar
coat płaszcz
coat check szatnia
coat hanger wieszak
cockroach karaluch
coin moneta
cold *adj* zimny; *adv* zimno; *n* **(illness)** przeziębienie
collapse upaść
collect zebrać
collect call rozmowa na koszt rozmówcy
color kolor
color film film kolorowy
comb grzebień
come przyjść
come back (return) wrócić

commission prowizja
company (companionship) towarzystwo; **(business)** firma
compartment (train) przedział
composer kompozytor
computer komputer
concert koncert
concert hall sala koncertowa
concession koncesja
concussion wstrząs mózgu
conditioner odżywka
condom prezerwatywa
conductor dyrygent
confirm potwierdzić
confirmation potwierdzenie
connect (internet) połączyć się z siecią
connection (train) połączenie
conscious (awake) przytomny
constant ciągły
constipation zaparcie
consulate konsulat
consult skonsultować się
contact skontaktować się
contact lens szkło kontaktowe
contagious zakaźny
contain zawierać
contraceptive środek antykoncepcyjny
convenience store sklep osiedlowy
cook *v* gotować; *n* kucharz

cooker [BE] kuchenka
cooking (cuisine) kuchnia
cooking facilities możliwość
  gotowania
copper miedź
copy kopia
corkscrew korkociąg
correct prawidłowy
cosmetics kosmetyki
cost v kosztować
cot rozkładane łóżko
cottage domek
cotton (material) bawełna
cough n kaszel; v kaszleć
country kraj
country code numer
  kierunkowy
country music muzyka
  country
course (meal) danie; (path)
  droga
cousin kuzyn
cramp skurcz
credit card karta kredytowa
credit card number numer
  karty kredytowej
crib łóżeczko dziecięce
cross v przejść
cross-country skis biegówki
crowd tłok
crowded zatłoczony
crown (dental) koronka;
  (royal) korona
cruise n rejs
crystal (quartz) kryształ

cup filiżanka
cupboard szafka kuchenna
currency waluta
currency exchange office
  kantor
currency exchange rate
  kurs wymiany
curtain zasłona
customs urząd celny
customs declaration
  deklaracja celna
cut (hair) strzyżenie;
  (wound) rana cięta
cut glass cięte szkło
cutlery sztućce
cycling kolarstwo

D

daily adj codzienny; adv
  codziennie
damaged zniszczony
damp adj wilgotny
dance n taniec; v tańczyć
dance club dyskoteka
dangerous niebezpieczny
dark ciemny
daughter córka
dawn świt
day dzień
day charge opłata za dzień
day ticket bilet jednodniowy
day trip wycieczka
  jednodniowa
dead (battery) wyczerpany
deaf głuchy

deck chair leżak
declare zadeklarować
deduct odejmować
deep głęboki
defrost rozmrozić
degree (temperature) stopień
delay opóźnienie
delayed opóźniony
delicatessen delikatesy
delicious smaczny
deliver dostarczyć
delivery dostawa
denim drelich
dental floss nić dentystyczna
dentist dentysta
denture proteza dentystyczna
deodorant dezodorant
depart (train, bus) odjeżdżać; **(plane)** startować
department store dom towarowy
departure lounge poczekalnia
departures (airport) hala odlotów
deposit (security) kaucja
describe opisać
description opis
destination (travel) cel podróży
detail szczegół
detergent środek czystości
develop (photos) wywołać
diabetes cukrzyca
diabetic *n* cukrzyk
dialing code numer kierunkowy
diamond brylant
diaper pieluszka
diarrhea biegunka
dice kostka do gry
dictionary słownik
diesel diesel
diet dieta
difficult trudny
dining car wagon restauracyjny
dining room jadalnia
dinner kolacja
direct *adj* **(train, journey)** bezpośredni; *v* **(to a place)** wskazać kierunek
direction kierunek
director (company) dyrektor
directory (telephone) książka telefoniczna
dirty brudny
disabled *n* niepełnosprawny
discount zniżka
discount card karta rabatowa
dish (meal) danie
dishcloth ścierka
dishwasher zmywarka
dishwashing liquid płyn do zmywania
display cabinet gablota
display case gablota
disposable camera aparat jednorazowy
disturb przeszkadzać
dive (scuba dive) nurkować;

(jump) skakać

diving equipment sprzęt do nurkowania

divorced rozwiedziony

dizziness zawroty głowy

do robić

doctor lekarz

doll lalka

dollar dolar

domestic (flight) krajowy

door drzwi

double bed podwójne łóżko

double room pokój dwuosobowy

downtown area centrum

dozen tuzin

dress sukienka

drink *n* **(alcoholic)** drink; *v* pić

drink menu lista drinków

drip ciec

drive jechać

driver (car) kierowca

driver's license prawo jazdy

drown tonąć

drugstore drogeria

drunk pijany

dry cleaner's pralnia chemiczna

dry-clean czyścić (chemicznie)

dubbed dubbingowany

dummy [BE] smoczek

during podczas

dustbin [BE] śmietnik

duty cło

duvet kołdra

E

ear ucho

ear drops krople do uszu

earache ból ucha

early *adj* wczesny; *adv* wcześnie

earring kolczyk

east wschód

easy łatwy

eat jeść

economy class klasa turystyczna

elastic *adj* elastyczny

electric shaver golarka elektryczna

electrical outlet gniazdko elektryczne

electronic elektroniczny

elevator winda

e-mail *n* e-mail; *v* napisać maila

e-mail address adres e-mail

embassy ambasada

embroidery haft

emerald szmaragd

emergency nagły wypadek

emergency exit wyjście awaryjne

emergency ward izba przyjęć

empty pusty

enamel emalia

end *n* koniec; *v* kończyć (się)

engaged zaręczony

engine silnik
engineer inżynier
England Anglia
English *adj* angielski; *n* Anglik
enjoy podobać się
enjoyable przyjemny
enlarge (photos) powiększyć
enough dość
entertainment guide program rozrywek
entrance fee opłata za wstęp
envelope koperta
epilepsy epilepsja
epileptic *n* epileptyk
equipment (sports) sprzęt
era epoka
error błąd
escalator schody ruchome
escape route droga ewakuacyjna
essential niezbędny
e-ticket bilet elektroniczny
eurocheque euroczek
European Union Unia Europejska
evening wieczór
evening dress strój wieczorowy
every każdy
examination (medical) badanie
example przykład
except oprócz
excess baggage nadbagaż
exchange wymienić

exchange rate kurs wymiany
excursion wycieczka
exhausted wyczerpany
exit wyjście
expensive drogi
experienced zaawansowany
expiration date data ważności
expiry date [BE] data ważności
exposure (photos) naświetlanie
express ekspres
express mail priorytet
extension (phone) wewnętrzny
extra (additional) dodatkowy
extract (tooth) wyrwać
eye oko

F

fabric materiał
face twarz
facial zabieg oczyszczania skóry
faint *v* zemdleć
fairground wesołe miasteczko
fall *n* jesień
family rodzina
famous sławny
fan (electric) wentylator
far daleko
farm gospodarstwo
far-sighted dalekowidz
fast szybko

father ojciec
faucet kran
faulty wadliwy
favorite ulubiony
fax faks
fee opłata
feed nakarmić
feel czuć (się)
female kobieta
ferry prom
fever gorączka
few parę
fiancé narzeczony
fiancée narzeczona
field pole
fight (brawl) bójka
fill out (a form) wypełnić
fill up (car) nalać do pełna
filling (dental) plomba
film (camera, movie) film
filter filtr
find znaleźć
fine (well) dobrze; **(penalty)**
  grzywna
finger palec
fire pożar
fire alarm alarm pożarowy
fire brigade [BE] straż
  pożarna
fire department straż pożarna
fire door drzwi
  przeciwpożarowe
fire escape schody pożarowe
fire exit wyjście awaryjne
fire extinguisher gaśnica

first class pierwsza klasa
first floor parter
fish store sklep rybny
fit v pasować
fitting room przymierzalnia
fix v naprawić
flame płomień
flashlight latarka
flat (tire) przebity
flavor smak
flea pchła
flea market pchli targ
flight lot
flight number numer lotu
floor (level) piętro
florist kwiaciarnia
flower kwiat
flu grypa
flush (toilet) spuszczać wodę
fly n mucha; v latać
fog mgła
folk art sztuka ludowa
folk music muzyka ludowa
follow (pursue) podążać;
  (road, sign) jechać zgodnie z
food jedzenie
food poisoning zatrucie
  pokarmowe
foot stopa
football [BE] piłka nożna
footpath [BE] dróżka
for (time) przez; **(duration)** na
foreign currency obca waluta
forest las
forget zapominać

fork widelec
form formularz
formal dress strój formalny
fortunately na szczęście
fountain fontanna
foyer (hotel, theater) foyer
fracture złamanie
frame (glasses) oprawka
free (available) wolny;
  (without charge) bezpłatny
freezer zamrażarka
frequently często
fresh świeży
friend przyjaciel
friendly (person) przyjazny;
  (place, atmosphere)
  przyjemny
frightened przerażony
from (place) z; (time) od
front przód
frost mróz
frying pan patelnia
fuel paliwo
full pełny
full board z pełnym
  wyżywieniem
fun zabawa
funny śmieszny
furniture meble

G

gallon galon
game gra; (sports) mecz
garage (mechanic) warsztat
  samochodowy; (parking lot)
  garaż
garbage śmieci
garbage bag worek na śmieci
garden ogródek
gas (fuel) benzyna
gas station stacja benzynowa
gate (airport) wyjście
gauze gaza
genuine prawdziwy
get (buy) kupić; (find) znaleźć
get back (return) wrócić
get off (bus/train) wysiąść
get to dojechać do
gift prezent
gift shop sklep z upominkami
giftwrap zapakować na
  prezent
girl dziewczyna
girlfriend dziewczyna
give dać
glass (non-alcoholic)
  szklanka; (alcoholic)
  kieliszek
glasses (optical) okulary
glove rękawiczka
go (on foot) iść; (by bus,
  train) jechać; (by plane)
  lecieć
go away odejść
goggles (swimming) okularki;
  (skiing) gogle
gold złoto
golf golf
golf club kij golfowy
golf course pole golfowe

indicate wskazywać
indigestion niestrawność
indoor pool kryty basen
inexpensive niedrogi
infected zakażony
infection infekcja
inflammation zapalenie
informal (dress) nieformalny
information (desk, office) infomacja
injection zastrzyk
injured ranny
innocent niewinny
insect insekt
insect bite ugryzienie owada
insect repellent środek na owady
insect sting użądlenie
inside w środku
insist nalegać
insomnia bezsenność
instead zamiast
instruction instrukcja
instructor instruktor
insulin insulina
insurance ubezpieczenie
insurance card polisa ubezpieczeniowa
insurance certificate [BE] polisa ubezpieczeniowa
insurance claim wniosek o odszkodowanie
interest (hobby) zainteresowanie
interested zainteresowany

interesting interesujący
international (flight) międzynarodowy
International Student Card Międzynarodowa Karta Studenta
internet internet
internet cafe kafejka internetowa
interpreter tłumacz ustny
intersection skrzyżowanie
into do
intolerance nietolerancja
invite zaprosić
iodine jodyna
Ireland Irlandia
iron n żelazko; v prasować
itch swędzieć
item (object) przedmiot
itemized bill szczegółowy rachunek

J

jacket (men's) marynarka; (women's) żakiet
jaw szczęka
jazz jazz
jeans dżinsy
jellyfish meduza
jet-ski skuter wodny
jeweler jubiler
jewelry biżuteria
join (a group) dołączyć się
joint (body) staw
joke żart

journalist dziennikarz
journey podróż
jug (water) dzbanek
jumper [BE] pulower
junction [BE] (intersection) skrzyżowanie

K

keep zatrzymać
kerosene nafta
kettle czajnik
key klucz
key card (hotel) karta
kiddie pool brodzik
kidney nerka
kilometer kilometr
kind *adj* uprzejmy; *n* rodzaj
kiss *n* pocałunek; *v* całować
kitchen kuchnia
kitchen foil [BE] folia aluminiowa
knee kolano
knickers [BE] majtki
knife nóż
know wiedzieć
kosher koszerny

L

label (sticker) nalepka; **(on bottle)** etykieta
lace koronka
ladder drabina
lake jezioro
lamp lampa
land *v* lądować

language course kurs językowy
large (size) duży
last *adj* ostatni; **(previous)** zeszły; *v* trwać
late (not early) późny; **(delayed)** opóźniony
later później
laundromat pralnia samoobsługowa
laundry facilities pralnia
lawyer prawnik
laxative środek przeczyszczający
lead *n* smycz; *v* prowadzić
leader (ideological) przywódca; **(manager)** menedżer
leak *n* przeciek; *v* **(roof, pipe)** przeciekać
learn (language) uczyć się
leather skóra
leave (depart) odjeżdżać; **(deposit)** zostawić; **(on foot)** odejść; **(depart of plane)** odlatywać
left *adj* lewy
left-luggage office [BE] przechowalnia bagażu
leg noga
legal legalny
lend pożyczyć
lens (optical) soczewka; **(camera)** obiektyw
lense cap nakładka na

obiektyw
less mniej
lesson lekcja
let v **(permit)** pozwolić
let go puścić
letter list
library biblioteka
license plate number numer rejestracyjny
life preserver koło ratunkowe
lifeboat łódź ratunkowa
lifeguard ratownik
lifejacket kamizelka ratunkowa
lift [BE] winda
lift pass (skiing) skipass
light adj **(weight)** lekki; **(color)** jasny; n światło
light bulb żarówka
lighter adj jaśniejszy; n zapalniczka
like v lubić
limousine limuzyna
line (metro) linia metra
linen len
lip warga
lipgloss błyszczyk
lipstick szminka
liquor store sklep monopolowy
liter litr
little (small) mały
live mieszkać
liver wątroba
living room salon

lobby (theater) foyer; **(hotel)** hol
local lokalny
lock n **(door)** zamek; **(bike)** blokada; v zamknąć
log off wylogować się
log on zalogować się
login login
long długi
long-distance bus autokar
long-sighted [BE] dalekowidz
loose luźny
lorry [BE] ciężarówka
lose (item) zgubić; **(person)** stracić
lost-and-found biuro rzeczy znalezionych
lost-property office [BE] biuro rzeczy znalezionych
love n miłość; v kochać
lovely śliczny
low niski
lower (berth) dolny
low-fat o niskiej zawartości tłuszczu
luck szczęście
luggage bagaż
luggage cart wózek na bagaż
luggage locker schowek na bagaż
luggage trolley [BE] wózek na bagaż
lump guz
lunch obiad
lung płuco

M

machine washable prać w pralce

madam pani

magazine czasopismo

magnificent wspaniały

maid pokojówka

mail *n* poczta; *v* wysłać

mailbox skrzynka pocztowa

main główny

make zrobić

male mężczyzna

mallet młotek drewniany

manager menadżer

manicure manicure

many dużo

map mapa

market (job market) rynek; **(place to buy)** targ

married żonaty

mascara tusz do rzęs

mask (diving) maska

mass msza

massage masaż

match (game) mecz; **(light)** zapałka

mattress materac

maybe może

me ja

meal posiłek

measles odra

measure zmierzyć

measurement miara

measuring cup miarka

kuchenna

measuring spoon łyżka do odmierzania

mechanic mechanik

medication lek

medicine lekarstwo

medium średni

meet (get to know) poznać; **(appointment)** spotkać

meeting place miejsce zbiórki

meeting point [BE] miejsce zbiórki

member (association) członek

memorial (war) pomnik

mention wspominać

menu menu

message wiadomość

metal metal

metro map mapa metra

metro station stacja metra

microwave (oven) kuchenka mikrofalowa

midday [BE] południe

midnight północ

migraine migrena

million milion

mine mój

mini-bar mini-bar

minute (time) minuta

mirror lustro

miss (lack) brakować; **(lost)** zaginąć

mistake błąd

misunderstanding

nieporozumienie
mobile home przyczepa
mieszkalna
mobile phone [BE] telefon
komórkowy
moisturizer (cream) krem
nawilżający
monastery klasztor
money pieniądze
money order przekaz
pieniężny
month miesiąc
monument pomnik
mop mop
moped motorower
more więcej
morning rano
mosque meczet
mosquito bite ukąszenie
komara
mother matka
motion sickness choroba
lokomocyjna
motorbike motor
motorboat motorówka
motorcycle motor
motorway [BE] autostrada
mountain góra
mountain bike rower górski
mountain pass przełęcz
górska
mountain range łańcuch
górski
moustache wąsy
mouth usta

move ruszać
movie film
movie theater kino
much dużo
mug *n* kubek; *v* napadać
mugging napad
mumps świnka
muscle mięsień
museum muzeum
music muzyka
music store sklep muzyczny
musician muzyk
must *v* musieć
my mój

N

name imię
napkin serwetka
nappy [BE] pieluszka
narrow wąski
national narodowy
national park park narodowy
nationality obywatelstwo
native tutejszy
nature reserve rezerwat
przyrody
nature trail szlak przyrodniczy
nausea mdłości
near niedaleko
nearby niedaleko
near-sighted krótkowidz
necessary konieczny
neck (body) szyja
necklace naszyjnik
need *v* potrzebować

nerve nerw
nervous system układ
  nerwowy
never nigdy
new nowy
newsagent [BE] kiosk z
  gazetami
newspaper gazeta
newsstand kiosk z gazetami
next następny
nice miły
night noc
night club klub nocny
no nie
noisy hałaśliwy
none żaden
nonsense bzdura
non-smoking *adj* dla
  niepalących
noon południe
normal normalny
north północ
nose nos
nothing nic
notify zawiadomić
now teraz
number numer
nurse pielęgniarka
nylon nylon

O

occasionally czasami
occupied zajęty
office (place) biuro
off-licence [BE] sklep

monopolowy
often często
okay okay
old stary
old town stare miasto
on (day, date) w
once raz
one jeden
one-way w jedną stonę
one-way ticket bilet w jedną
  stronę
open *adj* otwarty; *v* otwierać
opening hours godziny
  otwarcia
opera opera
opera house opera
operation operacja
opposite naprzeciwko
optician optyk
or albo
orange (color)
  pomarańczowy
order *n* zamówienie; *v*
  zamówić
our(s) nasz
outdoor pool basen otwarty
outrageous (price)
  horrendalny
outside na zewnątrz
oval owalny
oven piekarnik
overcharge *v* policzyć za
  dużo
overheat przegrzać się
overnight na noc

owe być dłużnym
own *adj* własny
owner właściciel

P

p.m. po południu
pacifier smoczek
pack pakować
package przesyłka
paddling pool [BE] brodzik
padlock kłódka
pail (toy) wiaderko
pain ból
painkiller środek
  przeciwbólowy
paint *v* malować
painter malarz
painting obraz
pair para
palace pałac
panorama panorama
pants spodnie
pantyhose rajstopy
paper napkin serwetka
  papierowa
paper towel ręcznik
  papierowy
paracetamol [BE]
  paracetamol
paralysis paraliż
parcel [BE] paczka
parent rodzic
park *n* park; *v* parkować
parking garage parking
  podziemny

parking lot parking
parking meter parkometr
parliament building
  budynek parlamentu
partner partner
party (social) przyjęcie
passenger pasażer
passport paszport
passport number numer
  paszportu
password hasło
pastry shop sklep
  cukierniczy
patch załatać
patient *n* pacjent
pavement [BE] chodnik
pay płacić
pay phone automat
  telefoniczny
payment zapłata
peak szczyt
pearl perła
pedestrian pieszy
pedestrian crossing
  przejście dla pieszych
pedestrian zone strefa
  zamknięta dla ruchu
  kołowego
peg [BE] spinacz do bielizny
pen długopis
per za
perhaps być może
period (time) okres;
  (menstrual) miesiączka
person osoba

petrol [BE] benzyna
petrol station [BE] stacja benzynowa
pewter cyna
pharmacy apteka
phone n telefon; v dzwonić
phone card karta telefoniczna
photo zdjęcie
photocopier kopiarka
photograph zdjęcie
photographer fotograf
phrase zwrot
phrase book rozmówki
pick up odebrać
picnic piknik
picnic area miejsce piknikowe
piece (item) sztuka; (amount) kawałek
pill (contraceptive) pigułka antykoncepcyjna; (tablet) tabletka
pillow poduszka
pillow case poszewka na poduszkę
pink różowy
pipe (smoking) fajka
pitch (camping) pole namiotowe
pizzeria pizzeria
place miejsce
plan n plan; v planować
plane samolot
plant (greenery) roślina
plaster [BE] plaster

plastic adj plastikowy
plastic bag torebka plastikowa
plastic wrap folia spożywcza
plate talerz
platform peron; [BE] tor
platinum platyna
play n (theater) sztuka; v grać
playground plac zabaw
playing field boisko
pleasant przyjemny
please proszę
plug zatyczka
plunger przepychacz
pneumonia zapalenie płuc
point wskazać
poison trucizna
Poland Polska
police policja
police report raport policyjny
police station komisariat policji
Polish adj polski; n Polak
pollen count stężenie pyłków w powietrzu
polyester poliester
pond staw
pop (music) pop
popular popularny; (well-known) znany
port (harbor) port
porter bagażowy
portion porcja
possible możliwy

post [BE] *n* (mail) poczta; *v* wysłać
post office poczta
postage opłata
postcard pocztówka
poster plakat
pot (for cooking) garnek; **(for tea)** dzbanek
pottery ceramika
pound (sterling) funt
powdery (snow) puszysty
power (electricity) prąd
precipice przepaść
pregnant w ciąży
prescribe przepisać
prescription recepta
present (gift) prezent
press naciskać
pretty ładny
price cena
print *n* sztych; *v* drukować
prison więzienie
produce store sklep spożywczy
profession zawód
program program
pronounce wymawiać
pub pub
public *n* publiczność; *adj* publiczny
pump (gas station) pompa
puncture przebicie
pure czysty
purple fioletowy
purse torebka

push-chair [BE] wózek spacerowy
put włożyć

Q

quality jakość
quarter ćwierć; **(time)** kwadrans
queue [BE] *n* kolejka; *v* stać w kolejce
quick szybki
quickly szybko
quiet cichy

R

race course [BE] tor wyścigowy
racetrack tor wyścigowy
racket (tennis, squash) rakieta
railway station [BE] stacja kolejowa
rain *n* deszcz
raincoat płaszcz przeciwdeszczowy
rape *n* gwałt; *v* zgwałcić
rapids progi rzeczne
rare (unusual) rzadki
rash wysypka
razor maszynka do golenia
razor blade żyletka
read *v* czytać
ready gotowy
real (genuine) prawdziwy
rear tylny

receipt paragon
receive odebrać
reception (desk) recepcja
receptionist recepcjonista
recommend polecić
red czerwony
reduction (price) obniżka
refrigerator lodówka
refund zwrot pieniędzy
region (area) region
registered mail list polecony
registration form formularz
  rejestracji
reliable niezawodny
religion religia
remember pamiętać
rent wynająć
rental car wynajęty samochód
repair n naprawa; v naprawić
repeat powtórzyć
replacement wymiana
replacement part część
  zamienna
report (crime) zgłosić
require wymagać
reservation rezerwacja
reservations desk okienko
  rezerwacji
reserve v rezerwować
rest v odpoczywać
restaurant restauracja
restroom toaleta
return wrócić; (surrender)
  zwrócić
return ticket [BE] bilet

powrotny
reverse-charge call [BE]
  rozmowa na koszt rozmówcy
rheumatism reumatyzm
rib żebro
right (correct) poprawny;
  (good) dobry
right of way pierwszeństwo
  przejazdu
ring pierścionek
river rzeka
road droga
road map mapa drogowa
road sign znak drogowy
rob obrabować
robbery rabunek
rock (music) rock; (land
  formation) skała
romantic romantyczny
roof dach
roof-rack bagażnik dachowy
room (hotel) pokój
room service room service
rope lina
round okrągły
round-trip ticket bilet
  powrotny
route trasa
rubbish [BE] śmieci
rude niegrzeczny
ruins ruiny

S

safe adj bezpieczny; n sejf
safety bezpieczeństwo

safety pin agrafka
sand piasek
sandal sandał
sanitary napkin podpaska
sanitary pad [BE] podpaska
satellite TV telewizja
  satelitarna
satin satyna
saucepan rondel
sauna sauna
say v powiedzieć
scarf szalik
scissors nożyczki
Scotland Szkocja
screwdriver śrubokręt
sea morze
seasickness choroba moska
season ticket bilet okresowy
seat (train) miejsce
seat reservation (train)
  miejscówka
second class druga klasa
secondhand store sklep z
  używaną odzieżą
secretary sekretarka
sedative środek uspokajający
see (spot) zobaczyć; **(inspect)**
  sprawdzić; **(observe,**
  witness) widzieć
self-employed
  samozatrudniony
self-service (gas station)
  samoobsługa
sell sprzedawać
send wysłać

senior citizen emeryt
separated w separacji
separately osobno
serious poważny
service (in restaurant)
  obsługa; **(religious)**
  nabożeństwo
sex seks; **(gender)** płeć
shade odcień
shady cienisty
shallow płytki
shampoo szampon
share v dzielić
sharp ostry
shaving cream krem do
  golenia
she ona
sheet (bed) prześcieradło
shirt (men's) koszula;
  (women's) bluzka
shock (electric) porażenie
shoe but
shoe repair naprawa obuwia
shoe store sklep z obuwiem
shop assistant sprzedawca
shopping area centrum
  handlowe
shopping basket koszyk
shopping cart wózek
shopping centre [BE] centrum
  handlowe
shopping mall centrum
  handlowe
shopping trolley [BE] wózek
short adj **(length)** krótki;

(person) niski
shorts (clothing) szorty
short-sighted [BE] krótkowidz
shoulder bark
shovel (toy) łopatka
show n **(presentation)** pokaz; **(theater)** sztuka; v pokazać
shower prysznic
shrine kapliczka
shut v zamykać; adj zamknięty
shutter okiennica
side (head) bok
side order dodatek
side street boczna uliczka
sidewalk chodnik
sights atrakcje turystyczne
sightseeing tour wycieczka po mieście
sign znak
silk jedwab
silver srebro
singer pieśniarz
single sam
single room pokój jednoosobowy
single ticket bilet w jedną stronę
sink zlew
sir pan
sister siostra
sit siadać
size rozmiar
skate łyżwa
skewer rożen
ski narta

ski boot but narciarski
ski pole kijek
skin skóra
skirt spódnica
sleep spać
sleeper car [BE] wagon sypialny
sleeping bag śpiwór
sleeping car wagon sypialny
sleeping pill tabletka nasenna
sleeve rękaw
slice plasterek
slip v poślizgnąć się
slipper pantofel
slow wolny
slowly wolno
small mały
smell pachnieć
smoke palić
smoking (area) dla palących
snack przekąska
snack bar bar
sneaker tenisówka
snorkel fajka do nurkowania
snow śnieg
soap mydło
soccer piłka nożna
sock skarpetka
socket gniazdko
sole (shoes) podeszwa
some jakiś
something coś
sometimes czasami
somewhere gdzieś
son syn

soon niedługo
sore throat ból gardła
sorry przepraszam
soul (music) soul
sour kwaśne
south południe
souvenir pamiątka
souvenir store sklep z
  pamiątkami
spa spa
space miejsce
spare zapasowy
speak mówić
special specjalny
specialist specialista
specimen próbka
spell v przeliterować
spend (time) spędzać;
  (money) wydawać
spicy ostry
sponge gąbka
spoon łyżka
sport sport
sporting goods store sklep
  sportowy
spot (place, site) miejsce
sprained skręcony
spring wiosna
square kwadrat
stadium stadion
staff personel
stain plama
stainless steel stal
  nierdzewna
stairs schody

stamp (postal) znaczek
standby ticket tani bilet
  okazyjny
start v **(begin)** zaczynać się;
  (car) zapalić
starter [BE] przekąska
statement (police) zeznanie
stationery store sklep
  papierniczy
statue pomnik
stay n pobyt; v zostać; **(in a
  hotel)** zatrzymać się
sterilizing solution płyn do
  sterylizacji
still adv wciąż
stockings [BE] pończochy
stolen ukradziony
stomach brzuch
stomachache ból brzucha
stop n **(bus, tram)**
  przystanek; v zatrzymywać
  się
store sklep
store guide tablica
  informacyjna
storm burza
stove kuchenka
strange dziwny
straw (drinking) słomka
stream strumień
strong (powerful) silny
student student
study v studiować
style styl
subtitled z napisami

suggest zasugerować
suit (men's) garnitur;
 (women's) kostium
suitable stosowny
suitcase walizka
summer lato
sunbathe opalać się
sunburn oparzenie słoneczne
sunglasses okulary słoneczne
sunny słoneczny
sunshade parasol
sunstroke udar słoneczny
suntan lotion krem do
 opalania
superb znakomity
supermarket supermarket
supervision nadzór
supplement opłata dodatkowa
suppository czopek
sure pewien
surfboard deska do
 serfowania
surname nazwisko
sweater sweter
sweatshirt bluza
sweet (taste) słodki
swelling opuchlizna
swim pływać
swimming pool basen
swimming trunks kąpielówki
swimsuit kostium kąpielowy
swollen spuchnięty
symptom (illness) objaw
synagogue synagoga

T

table stolik
take brać; (carry) zanieść;
 (medicine) brać; (time)
 trwać
take away [BE] na wynos
talk rozmawiać
tall wysoki
tampon tampon
tan opalenizna
tap [BE] kran
tapestry kilim
taxi taksówka
taxi rank [BE] postój
 taksówek
taxi stand postój taksówek
teacher nauczyciel
team drużyna
teaspoon łyżeczka do
 herbaty
teddy bear miś
telephone n telefon; v
 dzwonić
telephone bill rachunek
 telefoniczny
telephone booth budka
 telefoniczna
telephone call rozmowa
 telefoniczna
telephone number numer
 telefonu
tell powiedzieć
temperature temperatura
temple świątynia

temporarily tymczasowo
tennis tenis
tennis court kort tenisowy
tent namiot
tent peg kołek
tent pole maszt namiotowy
terminal terminal
terrace taras
terrible okropny
terrific wspaniały
tetanus tężec
text *n* **(phone)** sms;
   (document) tekst
thank *v* dziękować
thank you dziękuję
that to
theater teatr
theft kradzież
their(s) ich
theme park tematyczny park
   rozrywki
then (time) wtedy
there tam
thermometer termometr
these ci
they oni
thick gruby
thief złodziej
thigh udo
thin chudy
think myśleć
thirsty spragniony
this (one) ten
those tamci
thousand tysiąc

throat gardło
through przez
thumb kciuk
ticket bilet
ticket office kasa biletowa
tie krawat
tight *adv* ciasny
tights (clothing) rajstopy
time czas; **(exact time)**
   godzina
timetable [BE] rozkład jazdy
tin opener [BE] otwieracz do
   puszek
tire (car) opona
tired zmęczony
tissue chusteczka
to do
tobacco tytoń
tobacconist sklep tytoniowy
today dzisiaj
toe palec u nogi
toilet [BE] toaleta
toilet paper papier toaletowy
tomorrow jutro
tongue język
tonight dziś wieczorem
too (extreme) za
tooth ząb
toothache ból zęba
toothbrush szczoteczka do
   zębów
toothpaste pasta do zębów
top (head) góra
torn naderwany
tour wycieczka

tour guide przewodnik wycieczki
tour operator organizator wycieczki
tourist turysta
tourist office biuro informacji turystycznej
tow truck pomoc drogowa
towel ręcznik
tower wieża
town miasto
town center centrum
town hall ratusz
toy zabawka
track tor
traditional tradycyjny
traffic ruch
traffic jam korek
traffic light światła
traffic violation wykroczenie drogowe
trailer przyczepa
train pociąg
train station dworzec kolejowy
trained wykwalifikowany
tram tramwaj
transit (travel) przejazd
translate tłumaczyć
translation tłumaczenie
translator tłumacz
trash (garbage) śmieci
trash can śmietnik
travel *n* podróż; *v* podróżować
travel agency biuro podróży
travelers check czek podróżny

travelers cheque [BE] czek podróżny
tray taca
tree drzewo
trim *v* podstrzyc
trip wycieczka
trolley wózek
trousers spodnie
truck ciężarówka
true prawdziwy
try próbować
try on (clothes) przymierzyć
T-shirt t-shirt
tumor nowotwór
tunnel tunel
turn skręcić
turn down zmniejszyć
turn off wyłączyć
turn on włączyć
turn up (volume, heat) zwiększyć
TV telewizor
tweezers pinceta
twice dwa razy
twin bed łóżko podwójne
twist *v* **(hurt)** skręcić
type (sort) rodzaj
typical typowy
tyre [BE] opona

U

U.K. Wielka Brytania
U.S. Stany Zjednoczone
ugly brzydki
ulcer wrzód

umbrella parasol
uncle wuj
uncomfortable niewygodny
unconscious nieprzytomny
under pod
understand rozumieć
underwear bielizna
undress rozbierać (się)
uneven (ground) nierówny
unfortunately niestety
uniform mundur
unit (phone card) impuls
university uniwersytet
unleaded (gas)
  bezołowiowa
unlimited mileage bez
  limitu kilometrów
unlock otworzyć
unpleasant niemiły
unscrew odkręcić
urgent pilny

V

vacation wakacje
vacuum cleaner odkurzacz
vegetarian *adj*
  wegetariański; *n*
  wegetarianin
visa wiza

W

wait czekać
wallet portfel
water woda
week tydzień

where gdzie
white biały
window okno
window seat siedzenie przy
  oknie
wine list lista win
wireless bezprzewodowy
work *v* **(function)** działać;
  (job) pracować

X

X-ray rentgen

POLISH–ENGLISH

A

à droite right (direction)
aktualny up-to-date
alarm przeciwpożarowy fire alarm
aleja boulevard
ambasada embassy
angielski English
Anglia England
antyki antiques store
aparat fotograficzny camera
apteka pharmacy
artykuły bezcłowe duty-free goods
aseptyczny antiseptic
astma asthma
atrakcja turystyczna tourist attraction
autokar long-distance bus [coach *BE*]
autostrada highway [motorway *BE*]

B

bagaż baggage
bagaż podręczny carry-on [hand luggage *BE*]
bagno marsh
balkon balcony (theater)
balsam po opalaniu after-sun lotion
bankomat ATM

basen dla dzieci children's pool
basen kryty indoor swimming pool
basen odkryty outdoor swimming pool
benzyna gas [petrol *BE*]
bez cukru sugar-free
bez tłuszczu fat-free
bezglutenowy gluten-free
bezołowiowy unleaded (gasoline)
bezprzewodowy wireless (internet)
bezzwrotny non-returnable
biblioteka library
biegać *v* run
biegówki cross-coutry skis
bielizna underwear
bilet ticket
bilet elektroniczny e-ticket
bilet grupowy group ticket
bilet okresowy season ticket
bilet parkingowy parking ticket
biuro office
biuro obsługi klienta customer service
biuro podróży travel agency
biuro rzeczy znalezionych lost-and-found [lost-property office *BE*]

biuro turystyczne tourist office
biznes business
biżuteria jewelry
błąd mistake
blokada lock (on a bike)
błyszczyk lipgloss
ból pain
budka autobusowa bus shelter
bungalow bungalow
but shoe
butelka bottle

C

cena price
centrum biznesu business district
centrum handlowe shopping mall [centre BE]
centrum miasta downtown area [town centre BE]
centrum odnowy biologicznej spa
centrum ogrodnicze garden center
chemiczna toaleta chemical toilet
chodnik sidewalk [pavement BE]
ciepły warm (water)
ciężarówka truck
ciężki heavy (luggage)
cło duty (customs)
cmentarz cemetery

cukiernia pastry shop
czasopismo magazine
czek check [cheque BE]
czek podróżny travelers check [cheque BE]
czekać wait

D

dabingowany dubbed
dania dnia menu of the day
darowizna donation
data urodzenia date of birth
data ważności expiration [expiry BE] date
dawkowanie dosage
deklaracja celna customs declaration
delikatesy delicatessen
deska do windsurfingu windsurfing board
deska surfingowa surfboard
dieta diet
długopis pen
do until
do wynajęcia for rent [hire BE]
do żucia chewable (tablets)
dokładna reszta exact change
dom mieszkalny apartment building
dom towarowy department store
domowej roboty homemade
dostawa delivery
dostęp access
dowód tożsamości

identification
dozorca caretaker
drewno wood
droga road
drzewo tree
drzwi automatyczne automatic doors
drzwi przeciwpożarowe fire door
dworzec autobusowy bus station
dworzec kolejowy train station
dzbanek pot (for tea)
działać v work
działanie uboczne side effect
dziecko child
dzień day
dzień powszedni weekday
dzisiaj today

E

e-mail e-mail
emeryt senior citizen
epilepsja epilepsy
epileptyk epileptic

F

fabryka factory
fajerwerk firework
faks fax
festyn fair
filharmonia concert hall
filiżanka cup

folia aluminiowa aluminum [kitchen *BE*] foil
formularz form
fotelik dziecięcy car seat
fryzjer hairdresser
funt pound (sterling)

G

gabinet dentystyczny dental office [surgery *BE*]
gabinet lekarski doctor's office [surgery *BE*]
galeria gallery
garnek pot (for cooking)
gaśnica fire extinguisher
gdzie where
giełda stock exchange
głęboko deep
godzina hour
godziny urzędowania business hours
godziny wizyt visiting hours
góra mountain
gorączka temperature
gość guest
gospodarstwo farm
gotować v boil
gotówka cash

H

hala targowa indoor market
hamulec bezpieczeństwa emergency brake
hasło password

I

ile how many, how much

imię name

informacja information desk

informacja dla klientów customer information

informacja o lotach flight information

informacja o sklepie store directory [guide *BE*]

instruktor instructor

internet internet

izba przyjęć emergency ward

J

jadalnia dining room

jakość quality

jaskinia cave

jasny light (color)

jeden one

jedwab silk

jedzenie na wynos to go [take-away *BE*] (food)

jesień fall [autumn *BE*]

jeść eat

jezioro lake

jeździectwo horseback riding

język tongue (part of body); language

język obcy foreign language

jubiler jeweler

jutro tomorrow

K

kafejka internetowa internet cafe

kamizelka ratunkowa life jacket

kantor currency exchange office

kapliczka shrine

kapsułka capsule (medication)

karetka ambulance

karta key card (hotel)

karta do telefonu phone card

karta kredytowa credit card

karta pokładowa boarding pass (airport)

karta rabatowa discount card

karta win wine list

kasa biletowa ticket office

kasa ekspresowa express checkout

kasjer cashier

kask crash helmet

katedra cathedral

kaucja deposit

kawałek piece

klieliszek glass (alcoholic)

kierownik manager

kierunek direction (map)

kilometr kilometer

kiosk z gazetami newsstand

klasa biznes business class

klasa turystyczna economy class

klif cliff

klimatyzacja air conditioning
klimatyzator air conditioner
klinika clinic
kolejka linowa cable car
koło ratunkowe life preserver [belt BE]
komiks comic book
komisariat police station
kompresor air pump (gas station)
komputer computer
koncert concert
konkurs contest
kontaktować v contact
kontrola celna customs control
kontroler biletów ticket inspector
korek traffic jam
kościół church
kosmetyki cosmetics
koszerny kosher
kosztować v cost
koszyk shopping basket
kradzież theft
krajowy domestic (flight)
kran faucet [tap BE]
krem nawilżający moisturizer
krem z blokadą UV sunscreen
kropla drop (medication)
krwotok bleeding
książka telefoniczna directory

księgarnia bookstore
kucharz cook, chef
kuchenka mikrofalowa microwave
kuchnia kitchen
kurs wymiany exchange rate
kuszetka berth (train)
kwiaciarnia florist
kwiat flower
kwota amount (money)

L

lądować arrive (plane)
las forest
latarnia morska lighthouse
lato summer
lecieć v fly
lekarz doctor
lekki light (weight)
leżak deck chair
linia (lotnicza) airline
list polecony registered letter
list priorytetowy express mail
lista drinków drink menu
lokalny local
lot flight
loteria lottery
lotnisko airport
lotnisko krajowe domestic airport
lotnisko międzynarodowe international airport
lubić v like

Ł

łazienka bathroom
łopatka spatula
łódź ratunkowa life boat
łóżeczko dziecięce crib
  [child's cot *BE*]
łóżko bed
łyżka do odmierzania
  measuring spoon
łyżwiarstwo ice skating
łyżwy ice skates

M

mały small (size)
mapa drogowa road map
matka mother
mdłości nausea
mdły bland
meble furniture
mgła fog
miarka kuchenna measuring
  cup
miejsce seat (bus, train,
  plane)
miejsce na piknik picnic area
miejsce przy oknie window
  seat
miejsce przy przejściu aisle
  seat
miejsce urodzenia place of
  birth
miejsce zbiórki meeting place
  [point *BE*]
miejscówka reservation (train)

międzynarodowy international
mikrofalówka mircowave
miska bowl
mleczarnia dairy
młodzież youth
młyn windmill
mniej less
moczary swamp
mokry wet
mop mop
morze sea
motor motorcycle
motorower moped
mówić speak
msza mass
muzeum museum
mydło soap

N

na dole downstairs
na górze upstairs
na zewnątrz outside
nadbagaż excess baggage
namiot tent
napad mugging
napisać write
napiwek tip
naprawa *n* repair (car)
naprawić *v* fix (a car)
narty wodne water skis
następny next
nawierzchnia road surface
nawilżacz moisturizer
nazwisko last name
nazwisko panieńskie maiden

name

niedaleko close

niepalący non-smoking

nierówny uneven (surface)

noc night

nocleg accommodation

nocny dyżur night duty

nocny portier night porter

normalny normal

nowy new

numer kierunkowy country
code

numer lotu flight number

numer miejsca seat number

numer pierwszej pomocy
emergency number

O

objazd detour [diversion *BE*]

obóz *n* camp

obozować *v* camp

od from (time)

odbiór bagażu baggage claim

oddział department

odebrać receive

odkurzacz vacuum cleaner

odlatywać leave

odprawa check-in (airport)

odprawa bagażu baggage
check

odwołany cancelled

odzież damska ladieswear

odzież męska menswear

ognisko campfire

ograniczenie prędkości
speed limit

ogród garden

okazja bargain

okno window

okres period (of time);
menstruation

okulary glasses (optical)

okulary przeciwsłoneczne
sunglasses

opera opera

opis description

opłata bankowa bank charge

opłata obowiązkowa
minimum charge

opłata za dzień day charge

opłata za usługę service
charge

opłata za wstęp admission
charge

opóźniony delayed

optyk optician

ostry spicy

ostrzeżenie warning

otwarty open (shop)

P

paczka package [parcel *BE*]

paczka ekspresowa express
mail

pakować pack

palacz smoker

paliwo fuel

pan sir

pani madam

panie ladies (toilet)

panna miss

panowie gentlemen (toilet)

papierowy ręcznik paper towel

paragon receipt

parasol umbrella [sunshade BE]

park narodowy national park

park publiczny public park

parking parking lot [car park BE]

parking podziemny underground garage

parking wielopoziomowy parking garage

parkometr parking meter

parkować v park

parter first floor [ground floor BE]; orchestra [stalls BE] (theater)

pas lane

pasażer passenger

pasmo górskie mountain range

pawilon pavilion

pchać push

pchli targ flea market

peron platform

piasek sand

pić v drink

piekarnia bakery

pielęgniarka nurse

pieniądze money

pierwsza klasa first class

pierwsza pomoc emergency services; first aid

pierwsze piętro second floor [first floor BE]

pieszy pedestrian

piętro floor (level in building)

pigułka pill

pikantny spicy

pilny urgent

pismo periodical

piwnica basement

plac square

plasterek slice

plaża dla nudystów nudist beach

plecak backpack

plomba filling (dental)

płacić v pay

płeć sex (gender)

płyta kompaktowa CD

płytki adj shallow

pływać v swim

po południu p.m.

pociąg Intercity Intercity train

pociąg lokalny local train

początkujący beginner

poczekalnia waiting room

poczta post office

podarunek gift

podjazd ramp

podłoga floor

podobać się like

podpaska sanitary napkin [pad BE]

podróż powrotna round-trip [return trip BE] (ticket)

poduszka pillow

pokład deck (ship)

pokoje do wynajęcia rooms for rent [to let BE]

pokój room (hotel)

pole field

pole bitwy battle site

pole namiotowe camping

polecać recommend

policja police

policja drogowa traffic police

polisa ubezpieczeniowa insurance card [certificate BE]

Polska Poland

południe noon (time); south (direction)

pomiędzy between

pomnik monument

pomoc drogowa breakdown services

poranek morning

port port

portfel wallet

postój taksówek taxi stand [rank BE]

pościel sheets

potrzebny required

potwierdzenie confirmation

potwierdzić confirm

powiedzieć v say

powtórzyć repeat

poznać meet

pożar fire

północ midnight (time); north (direction)

półwysep peninsula

pracować v work

prać oddzielnie wash separately

prać ręcznie hand wash only

pralnia laundry

pralnia chemiczna dry-cleaner

prasować v iron

prawnik lawyer

prawo jazdy driver's license

priorytet express mail

progi rzeczne rapids

prognoza pogody weather forecast

prom ferry

proszę please

prowizja commission

prysznic shower

prywatny private

przebieralnia fitting room

przecena sale

przechowalnia bagażu baggage office

przeciek leak

przed before

przed południem a.m.

przedstawić introduce (someone)

przedział compartment

przejście path; aisle (plane)

przejście dla pieszych pedestrian crossing

przejście podziemne

underpass
przejściówka adapter
przekaz pieniężny money order
przekąska appetizer [starter BE]
przepaść precipice
przepychacz plunger
przesiadać się change [transfer BE] (bus)
przesyłka package
przeszkadzać disturb
przetłumaczyć translate
przewodnik guide (person); guidebook
przyczepa trailer
przyloty arrivals (airport)
przymierzalnia fitting room
przystanek autobusowy bus stop
przystanek na żądanie on-demand stop
ptak bird
punkt widzenia view point
pusty vacant

R

rabat discount
ratownik lifeguard
ratusz town hall
recepta prescription
recycling recycling
ręcznie robione handmade
ręcznik towel
rejs cruise

reklama advertisment
rentgen X-ray
restauracja restaurant
reszta n change (money)
rezerwacja reservation
rezerwuar reservoir
robak bug
rogatka toll booth
rondel saucepan
rondo roundabout
room service room service
rower bicycle
rozkład jazdy schedule [timetable BE]
rozkładane łóżko cot
rozmowa na koszt rozmówcy collect call [reverse-charge call BE]
rozumieć understand
rura pipe (water)
rząd row (of seats, people)
rzeka river
rzeźnik butcher

S

sąd courthouse
sala hall (large public room)
sala konferencyjna conference room
sala zebrań convention hall
salon gier arcade
sam alone
samolot plane
sauna sauna
schowek na bagaż luggage

locker

schronisko młodzieżowe youth hostel

ściana wall

ścieżka path

sekretarka secretary

serwetka napkin

sieć network (of computers); chain (of stores)

siedzenie seat

siedzenie przy korytarzu aisle seat

siedzenie przy oknie window seat

silnik engine

siłownia gym

skala scale

skała rock

skasować validate (ticket)

skipass ski pass

sklep store

sklep bezcłowy duty-free store

sklep mięsny butcher shop

sklep muzyczny music store

sklep osiedlowy convenience store

sklep papierniczy stationery store

sklep z narzędziami hardware store

sklep z zabawkami toy store

sklep ze zdrową żywnością health food store

skóra leather; skin

skręcić v turn

skrytka bagażowa luggage locker

skrzynka pocztowa mailbox [postbox BE]

skrzyżowanie intersection [junction BE]

skuter wodny jet-ski

ślepy zaułek dead end

śliski slippery

słony salty

śmieci trash [rubbish BE]

śniadanie breakfast

spa spa

śpiący policjant speed bump

spotkanie appointment (business); meeting (friends)

spóźniony late

stacja benzynowa gas [petrol BE] station

stacja kolejowa train [railway BE] station

stadion stadium

stal steel

stanowisko odprawy check-in desk (airport)

Stany Zjednoczone United States

startować take off, depart

statek ship

staw pond

steward flight attendant

stój codzienny casual clothing

stolik table

straż pożarna fire station

strażak firefighter

strój suit, clothing

strój wieczorowy evening dress

strój wizytowy formal dress

strumień stream

studiować v study

suszarka do włosów hairdryer

światła traffic light

światło light

święto państwowe national holiday

świeży fresh

szewc shoe repair [cobbler BE]

szklanka glass (non-alcoholic)

szkoła school

szlak trail

szpital hospital

T

tabletka tablet

taksówka taxi

talerz plate

targ market

telefon phone

telefon komórkowy cell phone [mobile phone BE]

telefon publiczny pay phone

telefonistka operator (phone)

terminal terminal

toaleta restroom [toilet BE]

tor track [platform BE]

tor wyścigowy racetrack [race course BE]

torebka purse [handbag BE]

trampolina diving board

trasa route

trasa autobusowa bus route

trawa grass

turystyka piesza hiking

tutaj here

tydzień week

tylko only

U

ubezpieczenie insurance

ugryzienie bite

ulepszony improved

ulica street

ulica jednokierunkowa one-way street

uniwersytet university

unowocześniony modernized

usługa service

uwaga attention

W

w budowie under construction

w jedną stronę one-way (trip)

wagon car (train)

wagon restauracyjny dining car (train)

wakacyjny rozkład jazdy holiday schedule [timetable BE]

walizka suitcase

waluta obca foreign currency

warsztat samochodowy car mechanic [repair garage BE]

wąwóz gorge

wejście entrance; gate (at the airport)

wełna wool

wentylator fan (electric)

wesołe miasteczko amusement park

wewnętrzny extension (phone)

wiadomość news

widelec fork

więcej more

Wielka Brytania Great Britain

wieczór evening

wiedza knowledge

winda elevator [lift BE]

windsurfing windsurfing

wiosna spring

włączyć turn on

własność prywatna private property

woda water

wolno slowly

wolny free (place)

wolny pokój vacancy (accommodation)

wózek bagażowy luggage cart [trolley BE]

wpłata deposit

wschód east

wskazówka instruction

wspinaczka rock climbing

wstęp wolny admission free

wstęp wzbroniony no access

wybrzeże coast

wydarzenie event

wydrukować v print

wyjście exit; gate (at the airport)

wyjście bezpieczeństwa emergency exit

wyjście przeciwpożarowe fire exit

wyjście wzbronione no exit

wykręcić dial

wyłączyć turn off

wylogować się log off

wymiana exchange

wymiana walut currency exchange

wynajem samochodów car rental [hire BE]

wypadek accident

wypłata cash withdrawal

wyprzedaż clearance

wyprzedzać v pass (car)

wysiąść get off (bus, train)

wysłać send

wysokie krzesełko highchair

występ show (in front of audience)

wzbroniony forbidden

wzgórze hill

Z

z napisami subtitled

zaawansowany advanced

zabawka toy

zachód west

zaczekać wait
zadzwonić call (phone)
zagraniczny international (flight); foreign (product)
zajazd guest house
zakaźny contagious, infectious
zakupy shopping
zalogować się log on
zamawiać v order
zamek castle (building); lock (door)
zamknięty closed (store)
zamówienie n order
zamrożony frozen
zamykać v lock
zapakować wrap
zapakować na prezent giftwrap
zaparcie constipation
zapinać fasten (seat belt)
zapłacony paid
zapominać forget
zarezerwować reserve (tickets)
zatkany blocked
zatłoczony crowded
zatoka bay
zatrzymać się stay (at a hotel); stop (not move)
zebra pedestrian crossing
zepsuty broken
zgwałcić v rape
zima winter
zimno adv cold
zimny adj cold

złoto gold
zły bad
znaczek stamp
znaczek pocztowy postage stamp
znaczyć mean (meaning)
znak drogowy road sign
zniżka discount
zwolnić slow down
zwrot pieniędzy refund
zwrotny returnable

Ż

żelazko n iron